Lorelies Singerhoff / Martin Stiefenhofer

Finger- und Bewegungsspiele
für Krippenkinder

Lorelies Singerhoff / Martin Stiefenhofer

Finger- und Bewegungsspiele für Krippenkinder

HERDER

FREIBURG · BASEL · WIEN

Anmerkung des Verlages:
Wir danken den Verlagen und Rechteinhabern für die Erteilung der Abdruck-
genehmigungen.
Bei einigen Texten/Liedern war es trotz gründlicher Recherchen nicht möglich,
die Inhaber der Rechte ausfindig zu machen.
Honoraransprüche bleiben bestehen.

4. Auflage

Gedruckt auf umweltfreundlichem, chlorfrei gebleichtem Papier

Umschlaggestaltung: R•M•E Roland Eschlbeck/Rosemarie Kreuzer
Umschlagfoto: Hartmut W. Schmitt, Freiburg
Layoutentwurf und Produktion: art und weise, Freiburg
Illustrationen: Maryse Forget, Lahr

© Verlag Herder Freiburg im Breisgau 2004
www.herder.de
Druck und Bindung: fgb • freiburger graphische betriebe 2008
www.fgb.de
ISBN: 978-3-451-28264-5

Körperspiele 30

Trostverse 38

Tanz- und Singspiele – Bewegung im Rhythmus 44

Ball- und Ballonspiele 66

Bewegungsspiele
für drinnen und draußen 76

Vorwort

Kinder sind von klein an Energiebündel und Entdecker, die danach streben, immer Neues kennen zu lernen und die Welt nach ihren Möglichkeiten zu erkunden und zu erobern. Das beginnt beim Säugling, der alles Erreichbare zu fassen und in den Mund zu nehmen versucht, und endet noch lange nicht beim Vorschulkind, das mit Vorliebe auf Bäume, über Zäune und andere Hindernisse klettert. Dazwischen liegen unzählige Fähigkeiten und Fertigkeiten, die Kinder mit Begeisterung üben und die wichtige Bausteine in ihrer Entwicklung darstellen. Dies gilt nicht nur für ihre körperliche Leistungsfähigkeit, sondern für ihre gesamte Persönlichkeit. Denn die Ausbildung von körperlichen und geistigen Fähigkeiten verläuft über weite Strecken parallel und bedingt sich manchmal geradezu.

Nicht ohne Grund gibt es also eine Fülle von überlieferten Finger- und Krabbelspielen, Tanzliedern und Bewegungsspielen. Sie alle stellen eine ideale Förderung dar, sowohl auf sprachlich-intellektueller Ebene als auch in Bezug auf körperliches Geschick.

Mit Finger- und Krabbelspielen lernen die Kleinsten, ihre Finger und Hände gezielt zu bewegen und einfache Bewegungsabläufe mit den Inhalten der Verse zu koordinieren. Spiel- und Tanzlieder, Spiele mit Ball und Ballon und die Bewegungsspiele in den folgenden Kapiteln stellen altersgerechte Aktionen für die weiteren Entwicklungsstufen der Kinder dar. Nach und nach nehmen motorisches Geschick, Bewegungskoordination und Leistungsfähigkeit zu und wollen auf spielerische, ungezwungene Weise gefördert werden. Natürlich steht das spaßbetonte Miteinander dabei immer im Vordergrund!

Der Erzieherin kommt dabei eine äußerst wichtige Rolle zu: Sie initiiert die Spiele und gestaltet sie so, dass die Kinder weder über- noch unterfordert sind. Denn Krippe, KiTa und Kindergarten sind neben der Familie die wichtigste Institution für die Vermittlung von Werten, Erkenntnissen und Fähigkeiten.

Fingerspiele

Ein Baby, das alleine wach in seinem Bettchen liegt, lutscht und schmatzt
an seinen Fingern, übt zu greifen und loszulassen, die Hand zu strecken
und zur Faust zu ballen – es macht die ersten Fingerspiele! Im Laufe seiner
ersten Lebensjahre entwickeln sich die Feinmotorik und die Geschicklichkeit der Finger. Parallel zu dieser Entwicklung verläuft die Sprachentwick-
lung. Das Kind bildet Silbenketten, ahmt die ersten Laute nach, spricht die
ersten Wörter und schließlich ganze Sätze. Zwischen der feinmotorischen
und der sprachlichen Entwicklung des Kindes besteht ein enger Zusammen-
hang. Fortschritte im kindlichen Bewegungsverhalten beeinflussen die Sprach-
fähigkeit und die Intelligenz. Aus diesem Grunde sind die alten, volkstüm-
lichen Kinderverse gleichzeitig auch Bewegungsspiele.
Im Alter von zwei und drei Jahren können Kinder die Verse schon selber
aufsagen und neue Wörter dazu erfinden. Dabei kommt es ihnen nicht so
sehr auf den Inhalt an, sondern auf den Sprachrhythmus, die Klangfarbe
der Wörter und die lustigen Endreime.
Fingerspiele aktivieren die sinnliche Erlebniswelt der Kinder. Sie genießen
die vertrauten Bewegungen, die Scherze, die unerwarteten Wendungen, das
Auf- und Absteigen der Stimme, das Flüstern, das Ankuscheln, die Sicher-
heit und den vertrauten Geruch.

Das ist der Daumen

Das ist der Daumen,
der schüttelt die Pflaumen,
der sammelt sie auf,
der trägt sie nach Haus,
und der kleine Schelm
isst sie alle auf.

Daumen bück' dich

Daumen bück' dich,
Zeigefinger streck' dich,
Mittelfinger dreh' dich,
Ringfinger heb' dich,
Kleiner duck' dich.

Ich bin der Dicke

Ich bin der Dicke,
ich bin der Zeiger,
ich bin der Lange,
ich bin der Ringelmann,
und ich bin der Kleine,
der Bibabutzemann,
der alles weiß und alles kann.

Der ist ins Wasser gefallen

Der ist ins Wasser gefallen,
der hat ihn rausgeholt,
der hat ihn heimgebracht,
der hat ihn ins Bett gesteckt,
und der Kleine
hat ihn wieder aufgeweckt.

aus Allerleihrau von Hans Magnus Enzensberger
Suhrkamp Verlag, Frankfurt am Main

Der ist in den Busch gegangen

Der ist in den Busch gegangen,
Der hat den Hasen gefangen,
Der hat ihn heimgebracht,
Der hat ihn gebraten,
und der Kleine hat's verraten.

Da droben auf dem Berge

Da droben auf dem Berge
da ist der Teufel los,
da zanken sich fünf Zwerge
um einen dicken Kloß.

14

Der erste will ihn haben,
der zweite lässt ihn los,
der dritte fällt in 'n Graben,
dem vierten platzt die Hos,
der fünfte schnappt den Kloß
und isst ihn auf mit Soß!

→ Bei den Spielen werden alle Finger einer Hand nacheinander berührt. Dabei wird vorgeführt, welcher Finger welche Aufgabe hat, mit dem Daumen wird begonnen.

Der sagt: „Es regnet!"

Der sagt:
„Es regnet, da werde ich nass."
Der sagt:
„Es regnet, das ist kein Spaß."
Der sagt:
„Es regnet, da geh' ich nicht raus."
Der sagt:
„Es regnet, da bleib' ich zu Haus."
Der sagt:
„Es regnet, doch ich will nicht warten, und geht unterm Schirm in den Kindergarten."

→ Vier Finger einer Hand werden nacheinander vorgezeigt. Der Daumen beginnt. Die Finger schließen sich wieder zur Faust, nur der kleine Finger bewegt sich fröhlich. Er erhält durch die gewölbte Handfläche der anderen Hand einen Regenschirm.

Backe, backe Kuchen

Backe, backe Kuchen,
der Bäcker hat gerufen.
Wer will guten Kuchen backen,
der muss haben sieben Sachen:
Eier und Schmalz,
Butter und Salz,
Milch und Mehl,
Safran macht den Kuchen gehl.
Schieb, schieb in 'n Ofen rein.

Backe, backe Kuchen,
der Bäcker hat gerufen.
Hat gerufen die ganze Nacht,
(Name des Kindes einsetzen) hat keinen Teig gebracht,
kriegt auch keinen Kuchen.

Backe, backe, backe,
das Mehl hol' aus dem Sacke,
die Eier aus dem Neste,
unserm Kindlein nur das Beste.

➜ Dazu im Rhythmus mit den Händen klatschen.

Der kleine Bi-Ba-Butzemann

Die fünf Finger, die schlafen fest,
wie fünf Vöglein in einem Nest.
Sie schlafen die ganze Nacht,
erst am Morgen sind sie erwacht:
Zuerst der Vater,
dann die Mutter,
dann der Bruder,
dann die Schwester,
und zuletzt der kleine
Bi-Ba-Butzemann.

→ Die Faust auf den Tisch legen, dann die Finger einzeln aus der Faust lösen und hochstrecken. Mit dem Daumen als Vater beginnen. Anfangs, so lange die Fingerfamilie noch schläft, wird flüsternd gesprochen.

Es sitzen da zwei Hasen

Es sitzen da zwei Hasen
im grünen Gras,
der eine sagt zum andern:
Weißt du was —
wir wackeln mit den Ohren
nur so zum Spaß!

→ Fingerspiel für zwei Hände. Zeige- und Mittelfinger werden als Hasenohren hochgestellt, die anderen Finger zur Faust geschlossen. Variationsmöglichkeit: Zwei Kinder benutzen jeweils eine Hand.

Zehn kleine Zappelmänner

Zehn kleine Zappelmänner
zappeln hin und her,
zehn kleinen Zappelmännern,
fällt das gar nicht schwer.
Zehn kleine Zappelmänner
zappeln auf und nieder,
zehn kleine Zappelmänner
tun das immer wieder.
Zehn kleine Zappelmänner
zappeln rund herum,
zehn kleine Zappelmänner
finden das nicht dumm.
Zehn kleine Zappelmänner
spielen mal Versteck,
zehn kleine Zappelmänner
sind auf einmal weg.

→ Mit Händen und Fingern werden die in den Versen beschriebenen Bewegungen in der Luft oder auf der Tischplatte nachgeahmt. Je schneller die Zappelmänner zappeln, desto lustiger ist das Spiel. Zum Schluss, beim Verstecken, werden die Hände zu Fäusten geballt und verschwinden dann ganz hinter dem Rücken.

Einen Taler in der Hand

Einen Taler in der Hand,
kannst dir kaufen Sand und Land,
Haus und Hof und Pferd und Kuh
und ein kleines Schwein dazu.

→ Dabei wird mit den Fingerspitzen rhythmisch in die geöffnete Hand des Kindes geklopft.

Da hast 'nen Taler

Da hast 'nen Taler,
geh' auf den Markt,
kauf' dir 'ne Kuh
und ein Kälbchen dazu,
das Kälbchen hat ein Schwänzchen,
dideldideldänzchen!

→ Bei „Schwänzchen" wird am kleinen Finger des Kindes gezogen und in der Hand gekrabbelt.

Der Dicke ist am Fußballplatz

Der Dicke ist am Fußballplatz,
der Dünne auf der Piste.
Der Lange sucht sich einen Schatz,
der Kurze kriecht in die Kiste.
Der Kleinste, der ist ganz allein,
da fängt er plötzlich an zu schrein:
Bäh!

→ Eine Hand schließt sich, Finger um Finger, zur Faust, nur der Kleinste bleibt stehen.

Großmutters Brille

Großmutter konnt' nicht sehen
beim Lesen und beim Nähen.
Drum kauft' sie in der Stille
sich eine gute Brille
mit dicken Scheiben Glas,
die setzt' sie auf die Nas'.
Nun konnt' sie wieder sehen
beim Stricken und beim Nähen,
beim Schreiben und beim Lesen,
da ist sie froh gewesen.

→ Die Großmutter sieht schlecht. Sie kneift die Augen zusammen und stellt mit den Handflächen ein Buch dar, das sie nahe vor das Gesicht hält. Ebenso wird das Einfädeln beim Nähen dargestellt. Die Brille wird mit beiden Händen dargestellt, indem sich jeweils Daumen und Zeigefinger zu einem Kreis schließen. Die Brille wird wohlgefällig betrachtet und dann auf die Nase gesetzt. Nun kann die Großmutter gut sehen und muss die folgenden Tätigkeiten nicht mehr dicht vor den Augen ausführen. Durch entsprechende Bewegungen von Daumen und Fingerspitzen wird das Stricken imitiert. Eine Handfläche stellt den Stoff dar, in dem auf und ab mit einer imaginären Nadel genäht wird. Beim Schreiben ist eine Handfläche das Papier, während die anderen mit einem unsichtbaren Bleistift schreibende Bewegungen nachahmt. Die Haltung beim Lesen wird wie zu Anfang wiederholt, nur werden die Hände diesmal nicht so nahe an die Augen gehalten. Zum Schluss klatschen alle froh in die Hände.

Schweinchen Fett und Schweinchen Dick

Schweinchen Fett und Schweinchen Dick
blieben heut allein zurück.
Hinterm Tore warten sie
auf ihr Futter – satt sind sie nie.

Schweinchen Fett und Schweinchen Dick
recken sich ein ganzes Stück
an dem Tore in die Höh'.
Noch kein Futter da – o weh!

Schweinchen Fett und Schweinchen Dick
ziehen traurig sich zurück.
Doch da öffnet sich das Tor,
und sie rennen schnell hervor.

Schweinchen Fett und Schweinchen Dick,
welche Wonne, welches Glück!
Seht, ein voller Trog, haha,
steht mit saft'gem Futter da.

Schweinchen Fett und Schweinchen Dick,
in dem nächsten Augenblick
stürzen sie zum Troge hin –
plumps –, da liegen beide drin!

→ Die Daumen strecken sich aus der Faust in die Höhe und stellen sich nacheinander durch Nicken als Schweinchen vor. Die anderen Finger der Hand bilden jetzt ein Tor, wobei die Hände senkrecht vor dem Körper gehalten werden. Die Fingerspitzen berühren sich dabei. Die Daumen schauen heraus. Die Hände behalten ihre Stellung bei, rücken jedoch etwas nach oben. Nun verschwinden die Daumen hinter den Handflächen. Das Tor öffnet sich, indem die Handflächen nach außen aufklappen. Die Daumen schauen wieder aus der Faust heraus und machen kreisende Laufbewegungen. Dann nikken die Daumen fröhlich und wir klatschen in die Hände. Die Finger schließen sich wieder zur Faust, die Schweinchen gucken raus und rennen schnell. Plumps – die Daumen verschwinden in der Faust.

Igelspiel

Da ist ein Spiegel. .... (Flache Hand aufrecht halten.)
Da kommt ein Igel. .... (Gespreizte andere Hand kommt aufrecht)
Der schaut in den Spiegel ..... (und wackelt mit den Stacheln.)
und sagt:
Oh! In dem Spiegel .... (Die flache Spiegelhand wird zum Igel gespreizt)
ist ja auch ein Igel! .... (und wackelt als Spiegelbild mit.)

In der Küche auf dem Tisch

In der Küche auf dem Tisch
steht ein Töpfchen Milch ganz frisch.
Kätzchen will sich daran laben,
von der guten Milch was haben.

→ Eine Hand ist die Tischplatte und wird, mit der Innenfläche nach oben, vor den Körper gehalten. Die andere Hand wird als imaginäres Töpfchen daraufge-

Steckt das Köpfchen in das Töpfchen,
trinkt und trinkt, o weh,
denn das Köpfchen, ach, das Köpfchen
will nicht wieder in die Höh.
Mit dem Töpfchen auf dem Köpfchen
läuft das Kätzchen in den Schnee.

stellt, die Finger bilden einen Hohlraum. Nun wird die Tischplatte weggezogen und der Zeigefinger stellt das Kätzchen dar, das sein Köpfchen in das Töpfchen steckt, um zu trinken. Nun kommt es nicht mehr heraus und zieht und zieht. Das Töpfchen hüpft dabei auf und ab. Als alles nichts nützt, läuft das Kätzchen mit dem Töpfchen auf dem Köpfchen auf den vier freien Fingern fort.

Himpelchen und Pimpelchen

Himpelchen und Pimpelchen
saßen auf einem Berg.
Himpelchen war ein Heinzelmann,
und Pimpelchen war ein Zwerg.
Sie blieben lange oben sitzen
und wackelten mit den Zipfelmützen.
Doch nach fünfundsiebzig Wochen,
sind sie in den Berg gekrochen.
Dort schlafen sie in tiefer Ruh.
Psst! Sei mal still und hör mal zu – Chrrrrrrr...

→ Die beiden Zeigefinger sind Himpelchen und Pimpelchen und führen die im Vers genannten Bewegungen aus. Wenn sie in den Berg kriechen, verschwinden die Finger in den geballten Fäusten.

Krabbelspiele

Die meisten Erwachsenen reagieren instinktiv richtig, wenn sie mit einem Baby spielen, es herumtragen und sanft schaukeln und ihm dabei zärtliche Worte ins Ohr flüstern. Babys lieben es, nackt zu strampeln und dabei ihre Motorik zu erproben. Geben Sie dem Kind so oft wie möglich die Gelegenheit dazu und spielen Sie dabei mit ihm: streicheln Sie mit Ihren Fingern über seine Füße, die Beine hinauf, über den Bauch, die Arme und das Gesicht. Babys haben riesigen Spaß daran und lernen außerdem noch etwas über sich, ihre Umwelt, über Sprache und Bewegung – und dass sie geliebt werden.
Die folgenden Krabbelspiele machen aber nicht nur Babys Freude – auch größere Kinder empfinden ein großes Vergnügen dabei, weil sie schon ganz genau wissen, was als nächstes kommt.

Komm her mein Bärchen

Komm her mein Bärchen,
ich streichle deine Härchen,
komm her mein Schneckchen,
ich streichle deine Bäckchen,
komm her mein kleiner Hase,
ich streichle deine Nase,
komm her mein kleiner Hund,
ich streichle deinen Mund.

Da kommt die Maus

Da kommt die Maus.
Da geht sie die Treppe hinauf.
Klingelingeling!
Ist die/der (Name des Kindes einsetzen) zu Haus?

➡ Mit Zeige- und Mittelfinger über den Arm des Kindes bis zum Ohrläppchen hochlaufen und daran ziehen (klingeln).

In unserem Häuschen

In unserem Häuschen
sind schrecklich viele Mäuschen.
Sie trippeln und trappeln
und zippeln und zappeln.
Und will man sie fangen –
husch, sind sie weg.

➡ Die Finger sind die Mäuschen und klettern die Beine des Kindes hoch bis zum Kopf und kitzeln das Kind. Wenn man sie fangen will, trippeln sie noch aufgeregter und „husch, sind sie weg!". Dabei verschwinden die Hände blitzschnell hinter dem Rücken.

Krabbel, krabbel Mäuschen

Krabbel, krabbel Mäuschen,
jetzt schlüpf' ich in mein Häuschen.
Krabbel, krabbel Maus,
jetzt komm' ich heraus.
Ich sehe mir mein Kindchen an, ➜ Dabei mit den Fingern über den Körper
ob es nun wieder lachen kann. des Kindes marschieren.

Kommt eine Maus

Kommt eine Maus,
die baut ein Haus,
kommt eine Mücke,
die baut 'ne Brücke, ➜ Am Handgelenk des Kindes krabbeln und langsam den
kommt ein Floh, Arm hinaufkrabbeln. Zum Schluss plötzlich auf die Nase
und der macht so! des Kindes springen und sie kitzeln.

Kinne Wippchen

Kinne Wippchen,
rote Lippchen,
Stuppelnäschen,
Augenbräunchen,
zupf, zupf, zupf mein Härchen!

→ Das Kind am Kinn krabbeln, über die Lippen streicheln, die Nase sanft berühren, daran zupfen, die Augenbrauen berühren und sanft an den Haaren zupfen.

Da geht einer

Da geht einer,
da steht einer,
da kniet einer,
da legt er sich auf die Wiese hin.
Uih — da zappelt einer,
weil's auf der Wiese krabbelt —
„Ameisen!" schreit einer,
und springt auf,
und rennt,
rennt,
rennt,
rennt
und will sich bei dir verstecken.

→ Zeige- und Mittelfinger krabbeln über den Arm des Kindes zum Hals hoch und verstecken sich im Haar des Kindes.

27

Steigt ein Büblein auf den Baum

Steigt ein Büblein auf den Baum,
ei, wie hoch, man sieht es kaum!
Hüpft von Ast zu Ästchen,
schlüpft zum Vogelnestchen.
Ui, da lacht es!
Bums, da kracht es!
Plumps, da liegt es unten!

→ Die Finger klettern am Arm des Kindes hoch und hüpfen von Schulter zu Schulter. Das Vogelnest wird mit den Händen geformt, bei „Ui, da lacht es!" wird in die Hände geklatscht und zum Schluss werden die Hände auf die Oberschenkel geklatscht. Das Spiel kann auch mit einem Baby gespielt werden. Halten Sie das Kind unter den Achseln fest und lassen Sie es an Ihrem Körper hochklettern. Stellen Sie es mal auf Ihre rechte, mal auf die linke Schulter und auf Ihren Kopf. Bei „Plumps" rutscht es sanft in Ihre Arme zurück.

Wo ist deine Nase?

Ein altes Spiel mit kleinen Kindern. Man ergreift sanft mit dem gekrümmten Zeige- und Mittelfinger die Nase des Kindes und führt eine rasche Drehbewegung aus. Dann steckt man den Daumen zwischen die beiden Finger und zeigt dem Kind den Daumen, sodass es den Fingernagel nicht sieht. Dabei fragt man: „Wo ist deine Nase?" Kündigen sich Tränen an, muss die „Nase" ganz schnell wieder „angeklebt" werden.

Erst kommt der Sonnenkäferpapa

Erst kommt der Sonnenkäferpapa, ... (Der Daumen läuft über den Tisch.)
dann kommt die Sonnenkäfermama. ... (Der Zeigefinger folgt.)
Und hinterdrein, ganz klitzeklein,
die Sonnenkäferkinderlein. .... (Mittel-, Ring- und kleiner Finger folgen.)
Sie haben rote Röckchen an,
mit kleinen schwarzen Punkten dran. .. (Am Arm des Kindes hochkrabbeln.)
So machen sie den Sonntagsgang,
auf unsrer Gartenbank entlang. .... (Auf der Schulter des Kindes ankommen.)
Erst kommt der Sonnenkäferpapa, ... (Daumen auf den Kopf des Kindes legen.)
dann kommt die Sonnenkäfermama. ... (Der Zeigefinger folgt.)
Und hinterdrein, ganz klitzeklein,
die Sonnenkäferkinderlein. .... (Mittel-, Ring- und kleiner Finger folgen.)

Körperspiele

Noch immer gehören Kniereiterspiele zu den schönsten Vergnügungen für Babys im ersten Lebensjahr. Das Kind wird auf die Knie gesetzt, an den Händen gehalten und im Sprachrhythmus gewiegt. Bei vielen Spielen lässt man das Kind mit den letzten Wörtern weit nach hinten fallen und hält es dabei gut fest. Ab dem zweiten Halbjahr brauchen Babys beim Spielen etwas mehr Bewegung. Krabbeln Sie mit doch mal auf allen vieren um die Wette. Einmal fangen Sie das Baby, das andere Mal darf es Sie erwischen. Wenn es bereits sicher stehen und laufen kann, können einfache Tanz- und Bewegungsspiele das Spielrepertoire erweitern.

Hopp, hopp, ho

Hopp, hopp, ho, Mann,
zieh' dem Pferd die Zügel an,
zieh' sie nicht so lang an,
dass das Kind auch reiten kann.
Hopp, hopp … und plumps.

Zu Pferde um die Erde

Hopp, hopp, hopp zu Pferde,
wir reiten um die Erde.
Die Sonne reitet hinterdrein.
Wie wird sie abends müde sein.
Hopp, hopp, hopp.

Hoppe, hoppe Reiter

Hoppe, hoppe Reiter,
wenn er fällt, dann schreit er.
Fällt er in den Graben,
fressen ihn die Raben.
Fällt er in den Sumpf,
macht der Reiter plumps.

→ Setzen Sie das Kind auf Ihre Knie und lassen Sie es zum Vers darauf hopsen. Bei „plumps" lassen Sie das Kind ein wenig nach hinten kippen, aber natürlich halten Sie es dabei gut fest.

Hopp, hopp, hopp

Hopp, hopp, hopp,
Pferdchen, lauf Galopp.
Über Stock und über Steine,
aber brich dir nicht die Beine.
Hopp, hopp, hopp,
Pferdchen, lauf Galopp.

Brr, brr, he,
Pferdchen, steh' doch, steh'.
Kannst ja schon gleich weiterspringen,
muss dir erst noch Futter bringen.
Brr, brr, he,
Pferdchen, steh' doch, steh'.

Tip, tip, tap,
wirf' mich nur nicht ab.
Pferdchen, tu es mir zuliebe,
sonst bekommst du Peitschenhiebe.
Tip, tip, tap,
wirf mich nur nicht ab.

Hopp, hopp, ho,
das Pferdchen frisst kein Stroh.
Muss dem Pferdchen Hafer kaufen,
dass es kann im Trabe laufen.
Hopp, hopp, ho,
das Pferdchen frisst kein Stroh.

➡ Das Kind reitet zu der gesungenen
Weise auf den Knien des Erwachsenen.

Aus: Fingerspiele für Kuschelkinder, Südwest Verlag

So reiten jetzt die kleinen Kind

So reiten jetzt die kleinen Kind,
wenn sie noch ganz winzig sind.
Und wenn sie größer werden,
so reiten sie auf Pferden.
Wenn sie groß gewachsen,
so reiten sie nach Sachsen.
Wenn sie kommen zu Verstand,
so reiten sie nach Engelland.
Und dann, nach sieben Sommern,
findt man sie in Pommern.
Von Pommern geht's nach Polen,
dort wollen wir sie holen.
Und sind sie einmal groß und stark
so reisen sie nach Dänemark.
Und wenn sie nichts mehr haben,
kommen sie nach Schwaben,
reiten vor des Königs Schloss,
schießen drei Pistolen los: Piff, paff, puff!

33

Geht der Peter Nüsse schütteln

Geht der Peter Nüsse schütteln,
Nüsse schütteln, Nüsse schütteln,
alle Kinder helfen rütteln,
helfen rütteln – rums.

Pitsch, patsch, patsch

Pitsch, patsch, patsch,
durch Regen und durch Matsch.
Und wer hier nicht mehr weiter kann,
der zieht sich Gummistiefel an.
Pitsch, patsch, patsch.

➤ Setzen Sie das Kind auf Ihre Knie und lassen Sie es zu den rhythmisch gesprochenen Versen auf und ab hopsen.

Es tanzt ein Bi-Ba-Butzemann

Es tanzt ein Bi-Ba-Butzemann
in unserm Haus herum, widibum.
Er rüttelt sich, er schüttelt sich,
er wirft sein Ränzlein hinter sich.
Es tanzt ein Bi-Ba-Butzemann
in unserm Haus herum.

Ri-Ra-Rutsch

Ri-Ra-Rutsch, wir fahren in der Kutsch'.
Wir fahren mit der Schneckenpost,
wo es keinen Pfennig kost'.
Ri-ra-rutsch, wir fahren mit der Kutsch.

→ Nehmen Sie das Kind auf den Arm. Schaukeln Sie es zum Rhythmus der Verse hin und her oder gehen Sie mit ihm im Kreis herum. Noch größer wird der Spaß, wenn Sie die Verse vorsingen. Mit älteren Kindern können die Bewegungen tanzend und singend ausgeführt werden. Dazu steht man zu zweit nebeneinander und reicht sich die Hände über Kreuz. Im Rhythmus des Liedes wird losmarschiert.

Komm, wir wollen wandern

Komm, wir wollen wandern,
von einer Stadt zur andern,
und wenn dann der König kommt,
kehren wir gleich wieder um.
Komm, wir wollen wandern,
von einer Stadt zur andern.

→ Die Kinder stehen zu zweit nebeneinander und reichen sich die Hände über Kreuz. Sie marschieren zum Rhythmus des Liedes. Bei „kehren wir gleich wieder um" wenden sie sich um, ohne die Hände loszulassen, und gehen in die entgegengesetzte Richtung weiter.

Gewitter

Es tröpfelt,	(Mit zwei Fingern jeder Hand langsam klopfen,)
es regnet,	(mit vier Fingern trommeln,)
es gießt,	(lauter und schneller trommeln,)
es hagelt,	(mit den Fingerknöcheln immer wilder trommeln,)
es blitzt,	(mit der Zunge „Sssssss" machen,)
es donnert.	(mit beiden Fäusten auf den Tisch donnern.)
Alle laufen schnell nach Hause,	(Hände auf den Rücken nehmen.)
und morgen scheint die Sonne wieder!	(Das Kind in den Arm nehmen.)

In dem Walde steht ein Haus

In dem Walde steht ein Haus,	(Mit den Händen ein Dach über dem Kopf bilden.)
schaut ein Reh zum Fenster raus,	(Die Hand oberhalb der Augen auf die Stirn legen.)
kommt ein Häslein angerannt, klopfet an die Wand:	(Zeige- und Mittelfinger klopfen an die rechte Hand.)
„Hilfe, hilfe! Große Not! Heute gibt's kein Hasenbrot! Liebes Häslein, komm herein, sollst nicht hungrig sein.	(Hereinwinken und zur Begrüßung die Hand schütteln.)

Watscheltanz der Gänse

Watschel, watschel, Watschelei,
alle Gänse sind dabei,
watschel hin, watschel her,
rundherum ist auch nicht schwer.
Schnatter, schnatter, schnatter,
flatter, flatter, flatter.
Alle Gänse sind dabei,
bei der Gänseflatterei –
o, da liegt ein Gänseei –
ei, ei, ei.

→ Das Spiel kann als Tanzspiel oder als Fingerspiel gespielt werden. Es wird durch den Raum gewatschelt, mit Händen und Armen geflattert. Bei „o, da liegt ein Gänseei" werden erfreut die Arme gehoben. Bei „ei, ei, ei" wird vorsichtig ein unsichtbares Ei mit den Händen umschlossen und aufgehoben.

© G&G Verlagsgesellschaft mbH, Wien 2007

Im Gänsemarsch

Wir reisen nach Jerusalem,
und wer soll mit?
Die Katze mit dem langen Schwanz,
ja, die soll mit!

Herr Schmidt, Herr Schmidt,
was bringt die Jule mit?
Herr Schmidt, Herr Schmidt,
was bringt die Jule mit?
Ein' Schleier und ein' Federhut,
das steht der Jule gar so gut!
Herr Schmidt, Herr Schmidt,
das bringt die Jule mit!

→ Die Kinder stellen sich hintereinander auf und halten sich an den Schultern oder Hüften fest. Entweder wird gesprochen oder in einer Leiermelodie gesungen. Dazu kann gestampft oder gehüpft und der Vers mit einem Schlusssprung beendet werden. Eine andere Variante ist, dass am Ende des Verses das letzte Kind der Reihe nach vorne an die Spitze rennt, oder das vordere Kind nach hinten an den Schluss der Kette.

37

Trostverse

Wenn sich ein Kind wehgetan hat, traurig, verärgert, gekränkt, enttäuscht oder zornig ist, braucht es Trost. Aber der Trost nur mit Worten reicht oftmals nicht aus. Das Kind sollte liebevoll in den Arm genommen, auf den Schoß gesetzt, gestreichelt und gewiegt werden. Das Pusten auf die verletzte Stelle ist eine zusätzliche Trostquelle. Trostverse lenken das Kind ab und helfen ihm dabei, den Schmerz schneller zu vergessen. Selbst wenn das Kind die Verse schon längst gut kennt, freut es sich darüber und wird sich von den lustigen Versen zum Lachen bringen lassen.

Heile, heile Segen

Heile, heile Segen,
morgen gibt es Regen,
übermorgen Schnee
und schon tut's nicht mehr weh!

Heile, heile Gänschen

Heile, heile Gänschen,
das Kätzchen hat ein Schwänzchen.
Heile, heile Mäusespeck,
morgen früh ist alles weg!

Heile, heile, Kätzchen

Heile, heile, Kätzchen,
das Kätzchen hat vier Tätzchen,
das Kätzchen hat 'nen langen Schwanz,
bald ist wieder alles ganz.

Heile, Fingerchen, heile

Heile, Fingerchen, heile,
es dauert noch eine Weile,
es dauert noch bis Rosmarein,
dann ist wieder Sonnenschein.

Ich hab' mir mein Kindchen schlafen gelegt

Ich hab' mir mein Kindchen schlafen gelegt,
ich hab' es mit roten Rosen bestreut,
mit roten Rosen und grünem Klee,
sag mir mein Kindchen, was tut dir denn weh?

O Jammer, o je

O Jammer, o je,
mein Zahn tut mir weh.
Juchhe und juchhei,
schon ist es vorbei.

Mäh, Lämmchen, mäh!

Mäh, Lämmchen, mäh!
Das Lämmchen lief im Klee,
da stieß es an ein Steinchen,
da tat ihm weh das Beinchen,
da schrie das Lämmchen „mäh"!

Mäh, Lämmchen, mäh!
Das Lämmchen lief im Klee,
da stieß es an ein Sträuchelein,
da tat ihm weh das Bäuchelein,
da schrie das Lämmchen „mäh"!

Mäh, Lämmchen, mäh!
Das Lämmchen lief im Klee,
da stieß es an ein Stöckchen,
da tat ihm weh sein Köpfchen,
da schrie das Lämmchen „mäh"!

Es war einmal ein Würmchen

Es war einmal ein Würmchen,
das klettert auf ein Türmchen,
da kam ein Stürmchen,
da flog das Würmchen vom Türmchen.

Krah, krah, kalter Schnee

Krah, krah, kalter Schnee,
dem Raben tut sein Bein
so weh,
dem Has' im Feld sein Herz.
In dunkler Zeit, in kalter Zeit
erwarten sie den März,
der Sonne bringt und
Fröhlichkeit:
Vergessen ist der Schmerz!

Wo tut es weh?

Wo tut es weh?
Hol ein bisschen Schnee,
hol ein bisschen kühlen Wind,
dann vergeht es ganz geschwind!

Wo tut es weh?
Trink ein Schlückchen Tee,
iss einen Löffel Haferbrei,
morgen ist es längst vorbei!

Denkt euch nur, der Frosch ist krank!

Denkt euch nur, der Frosch ist krank!
Liegt nur auf der Gartenbank,
quakt nicht mehr, wer weiß wie lang,
ach, wie fehlt mir sein Gesang!
Denkt euch nur, der Frosch ist krank!

→ Das Kind wird bei allen Trostversen ganz nah am Körper gehalten
und beim Sprechen der Verse hin und her gewiegt.

Tanz- und Singspiele – Bewegung im Rhythmus

Kinder entwickeln sich schnell – innerhalb weniger Jahre vom hilflosen Säugling zum neugierigen, selbstbewussten und wissbegierigen Entdecker und Erfinder. Die Strukturen dieser rasanten Entwicklung sind vorgegeben, aber die Inhalte und die Umfänge der Erfahrungen und Kompetenzen, die einem Kind in den ersten Lebensjahren vermittelt werden, hängen stark von seiner Umgebung ab. Diese Reize von außen bilden die wichtigste Grundlage für die geistige wie körperliche Entwicklung eines Kindes.

Charakteristisch für die kindliche Entwicklung ist die Verknüpfung von körperlicher Aktivität und kognitiver Leistung. Ein Kind versteht, was es sehen, riechen, hören und begreifen kann. Es erweitert Schritt für Schritt seinen Aktionsradius und damit seinen Horizont. Parallel dazu entwickeln sich das Ich-Bewusstsein, die Kreativität und das Vertrauen in die eigenen Leistungen. Gerade für kleinere Kinder ist es deshalb wichtig, dass sie unbefangen und spaßbetont ihre körperlichen Leistungen erfahren, ihre Bewegungsmuster ausprobieren und spielerisch verbessern können. Tanzlieder und einfache Bewegungen im Rhythmus selbst gesungener Strophen machen ihnen besonderen Spaß und verschaffen vielgestaltige Bewegungsanreize. Gleichzeitig wird mit den Kreis- und Gruppenspielen das Zusammengehörigkeitsgefühl gestärkt. Nicht zuletzt verbessern die Kinder singend-spielerisch ihre sprachliche Ausdrucksfähigkeit. Tanz- und Singspiele sollten also in jedem Kindergarten, in jeder Kindertagesstätte breiten Raum einnehmen, vor allem für die Kleineren.

Summ, summ, summ

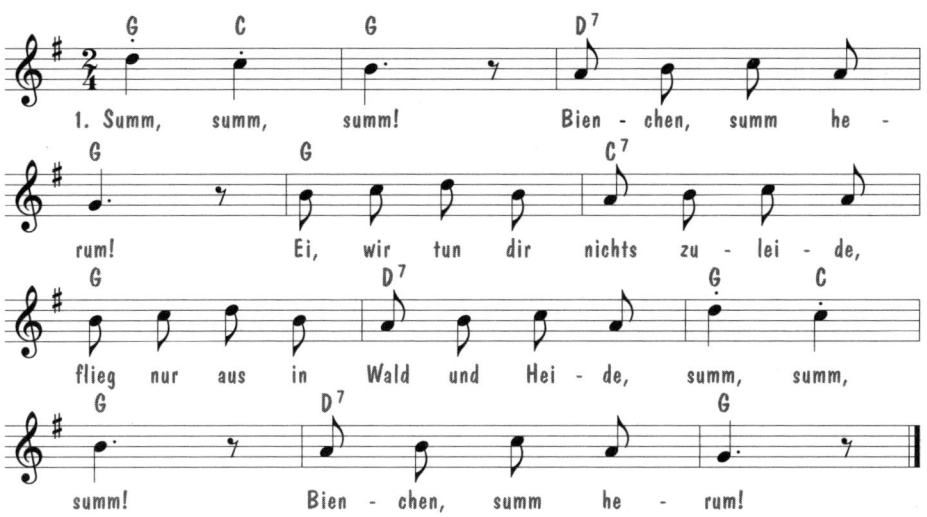

1. Summ, summ, summ! Bien-chen, summ he-rum! Ei, wir tun dir nichts zu-lei-de, flieg nur aus in Wald und Hei-de, summ, summ, summ! Bien-chen, summ he-rum!

2. Strophe: Summ, summ, summ! Bienchen summ herum!
Such in Blumen, such in Blümchen, dir ein Tröpfchen, dir ein Krümchen!
Summ, summ, summ! Bienchen summ herum!

3. Strophe: Summ, summ, summ! Bienchen summ herum!
Kehre heim mit reicher Gabe, bau uns manche volle Wabe!
Summ, summ, summ! Bienchen summ herum!

Die Kinder laufen zum Lied mit ausgestreckten Armen durch den Raum. Sie
können sich auch zu zweit oder zu dritt
zusammenfinden, wenn genügend Platz
vorhanden ist.

Ringel, Ringel, Reihe

Ring-gel, Rin-gel, Rei - he, sind der Kin-der drei - e, sit - zen un-term Hol - der-busch, ru - fen al - le: husch, husch, husch! H. - h.-husch!

Die Kinder fassen sich an den Händen und gehen im Kreis, während sie das Lied singen. Bei „Husch, husch, husch" gehen alle schnell in die Hocke.

Säge, säge Holz entzwei

Sä - ge, sä - ge Holz ent - zwei: Klei - ne Stü - cke, gro - ße Stü - cke, kni, kna, knax!

Die Kinder sitzen sich in Zweiergruppen mit weit gespreizten Beinen auf dem Boden gegenüber und halten sich an den Händen. Sie singen das Lied und ziehen sich gegenseitig im Takt der Melodie von der einen Seite zur anderen. Am Schluss des Liedes lassen sie die Hände los, sinken nach hinten zu Boden und strecken sich lang aus.

Ein Männlein steht im Walde

1. Ein Männ-lein steht im Wal-de ganz still und stumm, es
hat von lau-ter Pur-pur ein Mänt-lein um.
Sag, wer mag das Männ-lein sein, das da steht im Wald al-lein
mit dem pur-pur-ro-ten Män-te-lein?

Bei diesem Lied geht es darum, möglichst die ganze Zeit über auf einem Bein stehen zu bleiben. Nach einer kurzen Pause wird es erneut gesungen und die Kinder sollen dann auf dem anderen Bein balancieren. Immer zwei Kinder können sich gegenseitig stützen.

Petersilien Suppenkraut

Pe - ter - si - lien Sup - pen-kraut wächst in un - serm Gar - ten,
uns - re ... ... ist die Braut, soll nicht län - ger war - ten.

Ro - ter Wein, wei - ßer Wein, mor - gen soll die Hoch - zeit sein.
und was dann, und was dann, un - ser ... ... ist der Mann.

Im Takt des Liedes geht ein Mädchen im Raum umher und pflückt pantomimisch Petersilie. Bei der Stelle „und was dann" stellt sie sich vor einen Jungen, der sich vor dem Mädchen verbeugt. Die beiden Kinder werden im Lied beim Namen genannt.

Schneeflöckchen, Weißröckchen

1. Schnee - flöck - chen, Weiß - röck - chen, wann kommst du ge -

schneit? Du kommst aus den Wol - ken, dein Weg ist so weit.

2. Strophe: Komm und setz dich ans Fenster, du lieblicher Stern, malst Blumen und Blätter, wir haben dich gern.
3. Strophe: Schneeflöckchen, du deckst uns die Blümelein zu, dann schlafen sie sicher in himmlischer Ruh.

Zum Lied tanzen die Kinder leicht schwebend wie Schneeflöckchen durch den Raum. In der zweiten Strophe bleiben die Kinder nach und nach stehen, setzen sich langsam auf den Boden und gehen in der dritten Strophe in Schlafstellung.

Häschen in der Grube

1. Häs-chen in der Gru - be saß und schlief, saß und schlief! Ar - mes Häs - chen bist du krank, dass du nicht mehr hüp - fen kannst? Häs - lein, hüpf, Häs - lein, hüpf Häs - lein hüpf!
2. Häs-lein, vor dem Hun - de hü te dich, hü te dich! Er hat ei - nen schar - fen Zahn, packt da - mit mein Häs - chen an, Häs - lein, lauf, Häs - lein, lauf, Häs - lein, lauf!

Gemeinsam wird das Lied gesungen, die Kinder sind dabei in der Hockstellung. Bei „Häschen hüpf" hüpfen sie durch den Raum, sollen sich dabei aber mit den Händen am Boden abstützen, um nicht das Gleichgewicht zu verlieren.

Der Hampelmann, der bin ich

Teil A

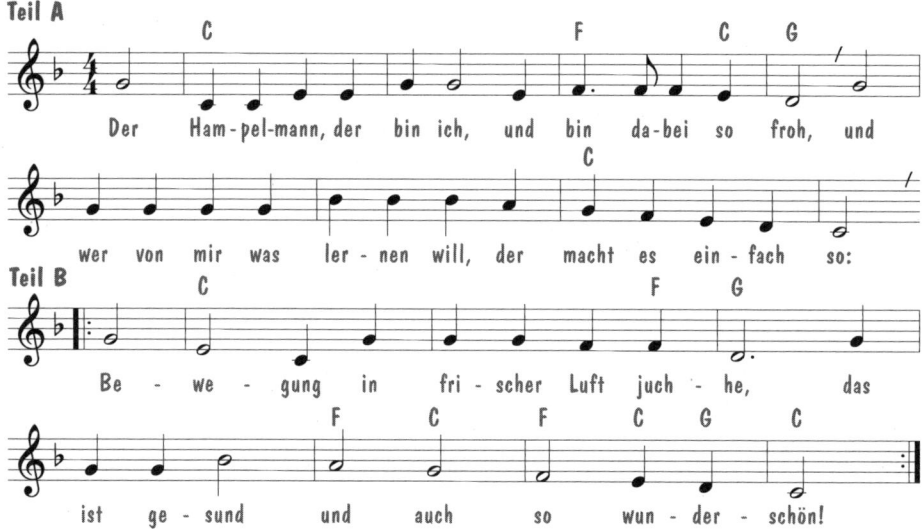

Der Ham-pel-mann, der bin ich, und bin da-bei so froh, und

wer von mir was ler - nen will, der macht es ein - fach so:

Teil B

Be - we - gung in fri - scher Luft juch - he, das

ist ge - sund und auch so wun - der - schön!

Ein Bewegungslied, das nicht ganz einfach umzusetzen ist. Rhythmische Bewegungskoordination von Armen und Beinen wird mit dem „Hampelmann" gefördert. Im Takt des Liedes wird folgendermaßen auf der Stelle gehüpft: Aus der Grundstellung mit geschlossenen Beinen und anliegenden Armen springt der Hampelmann in die Grätsche, wirft die Arme ausgestreckt hoch und klatscht über dem Kopf in die Hände, bevor er wieder in die Grundstellung springt. Kleine Kinder beherrschen diese schwierige Bewegungsfolge noch nicht, doch haben sie viel Spaß daran, größere Kinder nachzuahmen und im Takt zu hüpfen und zu klatschen.

Die einfachere Variante: Während das Lied gesungen wird, hüpfen alle Kinder kreuz und quer durch den Raum. Beim zweiten Teil des Liedes macht ein Kind eine Bewegung vor, die anderen machen sie nach.

Dreh dich, kleiner Kreisel

Dreh dich klei - ner Krei - sel, dreh dich im - mer - zu,

rund - he - rum und rund - he - rum, und jetzt kommst du!

Gemeinsam singen alle Kinder das Lied, während sich ein Kind wie ein Kreisel um sich selbst dreht. Die Drehgeschwindigkeit bestimmt das Kind selbst. Am Ende des Liedes zeigt es auf ein anderes Kind, das sich nun wie ein Kreisel drehen soll, aber in die andere Richtung. Das Spiel geht so lange, bis alle Kinder an der Reihe waren.

Schmetterling, du kleines Ding

Schmet-ter-ling, du klei-nes Ding, such dir ei - ne Tän-ze-rin! Juchhei - ra - sa, juch - hei - ra - sa, oh, wie lus - tig tanzt man da,
lus - tig, lus - tig wie der Wind, wie ein klei - nes Blu - men-kind,
lus - tig, lus - tig wie der Wind, wie ein Blu - men - kind.

Zum gemeinsam gesungenen Lied laufen alle Kinder los und flattern mit den Händen. Dann finden sie sich paarweise zusammen, halten sich gegenseitig an den Händen und drehen sich im Kreis. Wenn das Lied von vorn beginnt, flattern sie wieder weiter und suchen sich andere Tanzpartner.

Variante: Die Kinder bilden einen Kreis, halten sich an den Händen und gehen in eine Richtung im Kreisrund, während das Lied gesungen wird. Ein Kind in der Kreismitte ist der Schmetterling und flattert mit ausgebreiteten Armen gegen die Laufrichtung der anderen Kinder. Bei „such dir eine Tänzerin" wählt es ein Kind aus dem Kreis und tanzt mit ihm im Kreisrund, während die anderen Kinder im Takt klatschen. Das ausgewählte Kind stellt in der nächsten Tanzrunde den Schmetterling dar.

Tanz, Kindlein, tanz!

1. Tanz, Kindlein, tanz! Die Schu-he sind noch ganz. Lass dich nicht ge-
2. Tra - la - la - la, hei, hop-sa-sa-sa - sa! Tra - la - la - la -

reu - en, der Schus-ter macht dir neu - e! Tanz, Kind-lein, tanz!
la, tra-la - la - la - la - la - la - la! Hop - sa - sas - sa!

Im Rhythmus des gemeinsam gesungenen Liedes tanzen die Kinder während der ersten Strophe paarweise mit eingehakten Armen im Kreis. In der zweiten Strophe wird der Tanzpartner gewechselt.

Im Garten steht ein Blümelein

Im Gar - ten steht ein Blü - me lein, Ver -
Und wen ich hier am liebs - ten hab, dem

giss - mein - nicht, Ver - giss - mein - nicht.
win - ke ich, dem win - ke ich.

Ein Kind steht in der Kreismitte und dreht sich um die eigene Achse, die anderen hüpfen im Kreis um das Kind herum. Am Schluss des Liedes winkt das Kind einem anderen Kind zu, das dann seinen Platz in der Kreismitte einnimmt.

Klingelingeling, die Post ist da

Klin-ge-lin-ge-ling, die Post ist da, klin-ge-lin-ge-ling aus
A - fri - ka, klin-ge-lin-ge-ling, noch ei - nen Schritt,
klin - ge - lin - ge - ling, und du kommst mit!

Die Kinder stehen oder sitzen im Raum verteilt. Ein Kind stellt den Postboten dar, der zum gemeinsam gesungenen Lied durch den Raum hüpft. Bei den letzten Worten tippt er ein Kind an, das sich ihm anschließt. Das Spiel geht so lange, bis alle mit der Post unterwegs sind.

Hacke, Spitze, eins, zwei, drei

Ha - cke, Spit - ze, eins, zwei, drei, mei - ne Schu - he sind ent - zwei.
Hätt' ich nicht so - viel ge - tanzt, wä - ren mei - ne Schuh' noch ganz.
Va - ter kauft mir neu - e Schuh, Mut - ter hat kein Geld da - zu.

Die Kinder stehen in einer langen Reihe oder im Kreis und fassen sich an den Händen. Mit dem rechten Fuß werden Hacke und Spitze angetippt, dann ein Seitstellschritt ausgeführt, dasselbe anschließend mit dem linken Fuß. In den ersten vier Silben der letzten Liedzeile gehen alle nach vorn, stampfen bei der fünften Silbe auf. Die folgenden vier Silben gehen sie wieder zurück und stampfen bei der letzten Silbe wieder auf. Dann beginnen das Lied und der Tanz von vorn. Kleinere Kinder können die Bewegungskombinationen im Takt noch nicht richtig ausführen, tanzen aber trotzdem mit Begeisterung mit.

Das Taubenhäuschen

Öff - net jetzt das Tau - ben - häus-chen, öff - net jetzt das Tau - ben-haus,
und die Täub-chen flie - gen al - le in die wei - te Welt hi - naus.

Täub-chen, Täub-chen, komm nach Hau - se, such dir ei - ne Freun-din aus!
(ei - nen Freund)

Tanz mit ihr 'ne klei - ne Wei - le, und dann schließt das Tau - ben-haus.

Die Kinder stehen im Kreis um ein Kind, das im Kreisinneren steht. Wenn das Taubenhaus öffnet, gehen die Kinder einen Schritt zurück und heben die Arme, damit das Täubchen ausfliegen kann. Es tanzt umher und sucht sich einen Partner (eine Partnerin) aus dem Kreisrund, mit dem es schließlich wieder ins Taubenhaus zurückkehrt. Mit ganz Kleinen kann das Tanzlied auch so umgesetzt werden, dass alle frei umhertanzen, sich zu zweit zusammenfinden und am Schluss des Liedes niederkauern.

Der dicke Tanzbär

Ich bin ein di-cker Tanz-bär und kom - me aus dem Wald.
Ich such' mir ei - ne Freun-din, ei da ist sie ja schon bald.

Ei, wir tan-zen hübsch und fein von ei - nem auf das and - re Bein.

Das Lied wird gesungen, während ein Kind mit ausgestreckten Armen von einem Bein auf das andere tappt. Es stellt den Tanzbären dar, der sich während des Liedes eine „Freundin" bzw. einen „Freund" aussucht, die oder der mit ihm tanzt. Zum Schluss singen alle Kinder gemeinsam das Lied und tappen wie Tanzbären durch den Raum.

Ich heiße August Fridolin

1. Ich hei - ße Au - gust Frie - do - lin und

bin ein schwar - zer Pin - gu - in. Wi - di wap, wap, wap, wi - di

wap, wap, wap, wi - di wap, wap, wap, klatsch, klatsch.

2. Strophe: Und meine Frau heißt Wulliwitsch und schwimmt im Wasser wie ein Fisch.
Widi wap, wap, wap, widi wap, wap, wap, widi wap, wap, wap, klatsch, klatsch.
3. Strophe: Und unsre Freunde ringsumher gehn mit uns nun Richtung Meer.
Widi wap, wap, wap, widi wap, wap, wap, widi wap, wap, wap, klatsch, klatsch.
4. Strophe: Wir watscheln an den Meeresstrand und kommen 'rum im ganzen Land.
Widi wap, wap, wap, widi wap, wap, wap, widi wap, wap, wap, klatsch, klatsch.

Ein Kind stellt den Pinguin August Fridolin dar. Die anderen Kinder stehen um ihn herum und alle singen das Lied. Beim zweiten Liedteil klatschen sich alle auf die Schenkel und in die Hände.
In der zweiten Strophe sucht sich August Fridolin eine Frau, die mit ihm watschelt. In der dritten Strophe stoßen die restlichen Kinder dazu und schließlich watscheln alle durch den Raum.

Ei so klar, wie ein Haar

Die Kinder fassen sich an den Händen und tanzen im Kreis, Gesicht zur Kreismitte. Nacheinander wird jedes Kind im Lied beim Namen genannt und dreht sich um, sodass es mit dem Gesicht nach außen weiter tanzt. Das Tanzspiel ist beendet, wenn alle Kinder sich umgedreht haben.

Falle, falle, falle

Fal - le, fal - le, fal - le, gel - bes Blatt, ro - tes Blatt,

bis der Baum kein Blatt mehr hat, weg - ge - flo - gen al - le.

Alle Kinder wirbeln und tanzen durch den Raum, drehen sich dabei vor allem um sich selbst und sinken schließlich zu Boden.

Grün sind alle meine Kleider

1. Grün, grün, grün sind al - le mei - ne Klei - der.

Grün, grün, grün ist al - les was ich hab.

Da - rum lieb' ich al - les was so grün ist,

weil mein Schatz ein Jä - ger, Jä - ger ist.

2. Strophe: Blau, blau, blau sind alle meine Kleider.
Blau, blau, blau ist alles was ich hab.
Darum lieb ich alles was so blau ist, weil mein Schatz ein Seefahrer ist.
3. Strophe: Schwarz, schwarz, schwarz sind alle meine Kleider.
Schwarz, schwarz, schwarz ist alles was ich hab.
Darum lieb ich alles was so schwarz ist, weil mein Schatz ein Schornsteinfeger ist.
4. Strophe: Weiß, weiß, weiß sind alle meine Kleider.
Weiß, weiß, weiß ist alles was ich hab.
Darum lieb ich alles was so weiß ist, weil mein Schatz ein Bäcker, Bäcker ist.
5. Strophe: Bunt, bunt, bunt sind alle meine Kleider.
Bunt, bunt, bunt ist alles was ich hab.
Darum lieb ich alles was so bunt ist, weil mein Schatz ein Maler, Maler ist.

Alle Kinder singen das Lied. Wer ein Kleidungsstück in der entsprechenden Farbe trägt, tritt einen Schritt nach vorn und stellt das Handwerk pantomimisch dar. Gemeinsam können weitere Strophen erfunden werden.

Zisch, zisch, zisch, die Eisenbahn

Zunächst läuft ein Kind mit kleinen Schritten zum Lied durch den Raum. Am Schluss des Liedes nennt es den Namen eines Kindes, das sich ihm anschließen darf. Nun spielen die beiden Eisenbahn und das zweite Kind darf den Namen eines weiteren Mitspielers nennen, der sich dann anhängen darf. Wenn alle Kinder an die Eisenbahn angehängt sind, wird eine große Runde durch den Raum und eventuell durchs Freigelände gedreht.

Laurentia, liebe Laurentia mein

2. Strophe: Ach wenn es doch schon wieder Montag wär und ich bei meiner Laurentia wär, Laurentia wär.

3. Strophe: Laurentia, liebe Laurentia mein, wann werden wir wieder beisammen sein? Am Dienstag!

4. Strophe: Ach wenn es doch schon wieder Montag, Dienstag wär und ich bei meiner Laurentia wär, Laurentia wär.

Usw., bis alle Wochentage aufgezählt sind.

Alle Kinder stehen im Kreis oder nebeneinander und fassen einander an der Hand. Gemeinsam singen sie das Lied. Bei „Laurentia" sowie bei jedem Wochentag gehen alle kurz in die Knie. Wenn ein Kind nicht bis zum Schluss durchhält, kann es sich aus dem Kreis lösen und ausruhen.

Es sitzt eine Frau im Ringelein

Die Kinder halten sich an den Händen und gehen im Kreis. An den entsprechenden Stellen im Lied werden Ess- und Trinkbewegungen gemacht, am Schluss des Liedes gehen alle in die Hocke.

Hänsel und Gretel

1. Hän - sel und Gre - tel ver - lie - fen sich im Wald. Es war so fins - ter und auch so bit - ter kalt. Sie ka - men an ein Häus - chen von Pfef - er - ku - chen fein. Wer mag der Herr wohl von die - sem Häus-chen sein?

2. Strophe: Huhu, da schaut eine alte Hex heraus.
Sie lockt die Kinder ins Pfefferkuchenhaus.
Sie stellte sich gar freundlich, o Hänsel, welche Not!
Ihn wollt sie braten im Ofen, braun wie Brot.
3. Strophe: Doch als die Hexe zum Ofen schaut hinein,
ward sie gestoßen von Hans und Gretelein.
Die Hexe musste braten, die Kinder gehn nach Haus!
Nun ist das Märchen von Hans und Gretel aus.

Die Kinder versuchen, das bekannte Märchen beim Singen pantomimisch nach-
zustellen. Sie hüpfen zunächst unbeschwert durch den Raum. Dann wird das Haus
dargestellt, indem die Hände wie ein Dach geformt werden. Pantomimisch schaut
die Hexe durchs Fenster. Sie steht bucklig da und lockt mit dem gekrümmten Zeigefinger. Zum Schluss tanzen alle Kinder in einem großen Kreis.

Brüderchen, komm tanz mit mir

1. Brü - der - chen, komm tanz mit mir! Bei - de Hän - de reich' ich dir.
Ein - mal hin, ein - mal her, rund - he - rum, das ist nicht schwer.

2. Strophe: Mit den Füßchen trap, trap, trap, mit den Händchen klapp, klapp, klapp!
Einmal hin, einmal her, rundherum, das ist nicht schwer.

3. Strophe: Mit dem Köpfchen nick, nick, nick, mit dem Fingerchen tick, tick, tick!
Einmal hin, einmal her, rundherum, das ist nicht schwer.

4. Strophe: Ei, das hast du gut gemacht, ei, das hätt ich nicht gedacht!
Einmal hin, einmal her, rundherum, das ist nicht schwer.

5. Strophe: Noch einmal das schöne Spiel, weil es mir so gut gefiel!
Einmal hin, einmal her, rundherum, das ist nicht schwer.

Egal ob zu zweit oder in der großen Gruppe, dieses Bewegungslied macht kleineren Kindern viel Spaß. Zu zweit stehen sie sich gegenüber, reichen sich die Hände, gehen ein paar Schritte zur einen Seite, zurück und drehen sich im Kreis. Die
Bewegungen für die weiteren Strophen (stampfen, klatschen, nicken, Fingertik-
ken, Hände reichen) werden entsprechend im Liedtakt ausgeführt. Zum Schluss
hängen sich alle mit den Armen unter und drehen sich im Kreis.

Der Sandmann

Alle Kinder hüpfen im Kreis, ein Kind ist der Sandmann und geht gegen die Hüpfrichtung außen um den Kreis herum. Am Ende des Liedes tippt er ein Kind an, das mit ihm weiter um den Kreis geht. Das Lied wird so lange wiederholt, bis nur noch ein Kind im Kreis hüpft. Dieses Kind darf bei der nächsten Spielrunde der erste Sandmann sein.

Schornsteinfeger ging spazier'n

2. Strophe: Da kommt er an ein großes Haus ...

3. Strophe: Schaut ein junges Mädchen raus ...

64

4. Strophe: „Mädchen, Mädchen, willst mich hab'n ..."
5. Strophe: „Muss ich erst den Vater fragen ..."
6. Strophe: „Vater, Vater, darf ich's machen? ..."
7. Strophe: „Nimm doch lieber 'n Schlossermeister ..."
8. Strophe: „Schlossermeister bricht die Hand ..."
9. Strophe: Schornsteinfeger fällt vom Dach ...
10. Strophe: Und das Mädchen fängt ihn auf ...
11. Strophe: Morgen soll die Hochzeit sein ...

Dieses Spiellied kann mit größeren Kindern pantomimisch dargestellt werden, kleinere Kinder singen einfach mit und versuchen, die Bewegungsabläufe nachzuahmen, die auch von der Erzieherin vorgemacht werden können.

Aufgabentanz

Material: Kassettenrekorder

Auf einer Wiese oder einem großen Platz tanzen und hüpfen alle Kinder zur Musik vom Kassettenrekorder frei umher. Ein älteres Kind oder die Erzieherin steht am Kassettenrekorder und stellt die Aufgaben. Wird die Musik abgeschaltet, dann müssen alle stehenbleiben und zuhören, welche Aufgabe sie erfüllen müssen. Sie folgen den Anweisungen so lange, bis die Musik wieder einsetzt, dann bewegen sich wieder alle wie sie wollen und tanzen im Rhythmus der Musik umher. Folgende Aufgaben könnten gestellt werden:
• Sich hinsetzen und wieder aufstehen.
• Sich in einem großen Kreis aufstellen.
• Ganz schnell so viele Hände wie möglich schütteln.
• Einem anderen Kind leicht auf den Po klopfen.
• Einen bestimmten Stein oder Baum anfassen.

Ball- und Ballonspiele

Alle Kinder sind von Luftballons und vor allem von Bällen fasziniert. Diese großen, oft verlockend bunten, runden Dinger laden zum Spielen geradezu ein. Doch der Ball ist kein einfaches Spielzeug. Gibt man ihm einen Schubs, rollt er weg. Wirft man ihn auf den Boden oder an die Wand, springt er zurück. Für Kinder sind alle diese Eigenschaften eine Herausforderung. Da gibt es einen Gegenstand, der sich bewegt, eigenständig und doch beherrschbar ist. Im Umgang mit dem Ball lernt ein Kind nicht nur die Gesetzmäßigkeiten, denen dieser wunderbare Gegenstand folgt, sondern es erfährt auch viel über sich selbst. Es lernt seine Fähigkeiten kennen, übt Körperbeherrschung ebenso wie das Beherrschen des Balls. Ballspiele mit anderen Kindern bringen einen weiteren Aspekt ins Spiel: die Interaktion und Kommunikation. Die funktioniert beim Ballspiel problemlos zwischen Groß und Klein, Alt und Jung, Anfänger und Könner. Absprachen, Zuspiel, schließlich Regeln und immer wieder die Geschicklichkeit beim Umgang mit dem Ball oder Ballon machen diese Spiele zu den beliebtesten.

 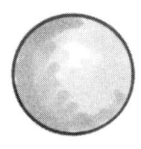   

Luftballon-Trampolin

Material: Luftballons, alter Bettbezug

Ein alter Bettbezug und viele Luftballons sind die Materialien für dieses Spiel. Die Luftballons werden aufgeblasen und zugeknotet. Dann wird der Bettbezug mit Luftballons gefüllt und gut zugeknöpft, damit die Ballons nicht herauskullern. So entsteht ein großes Luftballonkissen, das zum Turnen und Spielen einlädt. Nacheinander dürfen sich alle Kinder mit ausgebreiteten Armen auf das Kissen fallen lassen, einen Purzelbaum darauf schlagen oder einfach seitlich darüberrollen. Auf glattem Boden lässt sich das Kissen auch durch den Raum ziehen. Ein Kind legt sich auf das Kissen, mehrere andere ziehen es auf dem Kissen eine Runde durchs Zimmer.

Luft-Ballon

Material: Luftballons

Die Kinder liegen auf dem Rücken und jedes bekommt einen großen, aufgeblasenen Luftballon. Dieser wird nun in die Luft geworfen und soll mit Armen und Beinen immer wieder angestoßen werden, um so in der Luft zu bleiben. Hat ein Kind seinen Ballon zu stark angestoßen, muss es auf Händen und Füßen rücklings über den Boden krabbeln, um ihn wieder zu erreichen.

Luftballons sammeln

Material: viele Luftballons, Stifte

Eine größere Anzahl aufgeblasener, gut zugeknoteter Luftballons wird mitten in den Raum nebeneinander gelegt. Dann dürfen alle Kinder gemeinsam zu den Luftballons laufen und versuchen, einen oder mehrere Luftballons zu fangen. Das ist gar nicht so einfach, denn die Ballons wirbeln schnell davon und lassen sich nicht gut festhalten. Wer einen Ballon erwischt hat, bringt ihn zur Erzieherin, die für jedes Kind ein anderes kleines Zeichen auf den Ballon malt. Dann wird der Ballon wieder in den Raum geworfen und kann von einem anderen Kind aufgesammelt werden.

Ballsitzen

Material: stabile Bälle, Gymnastikbälle

Die Kinder bekommen einen Ball, auf den sie sich setzen können. Vorsichtig versuchen sie, eine stabile Stellung zu finden und aufrecht auf dem Ball zu sitzen. Nun wird der Ball mit dem Po leicht nach links und nach rechts, nach vorn und nach hinten bewegt. Großräumige Bewegungen mit den Armen helfen dabei, die Balance zu halten. Anschließend darf sich ein Kind bäuchlings auf einen großen Gymnastikball legen. Andere Kinder halten es an den Beinen fest, sodass es nicht vom Ball rutschen kann, während das Kind versucht, mit ausgestreckten Beinen und Armen die Balance auf dem Gymnastikball zu finden.

Ballonzug

Material: Luftballons

Jedes Kind bekommt einen prall aufgeblasenen, zugeknoteten Luftballon. Dann stellen sich alle hintereinander auf und klemmen ihren Luftballon etwa in Brusthöhe zwischen sich und das Kind, das vor ihnen steht. Auf ein Kommando setzt sich nun dieser Ballonzug langsam in Bewegung. Jeder muss darauf achten, dass sein Luftballon nicht zu Boden fällt. Ganz langsam geht es voran. Der Ballonzug schlängelt sich ein paar Mal durch den Raum, er kann aber auch hinaus ins Freigelände ziehen. Mit der Zeit wird der Zug immer schneller, irgendwann purzeln die Ballons auf den Boden und das Spiel ist beendet.

Ballon in der Luft

Material: Luftballon

Luftballons lassen sich auf einfache Weise in der Luft halten. Sie sind so leicht, dass beinahe nichts kaputtgehen kann. Trotzdem empfiehlt es sich, zerbrechliche Dinge aus dem Weg zu räumen und vor allem Hindernisse zu beseitigen, über die die Kinder beim folgenden Spiel stolpern könnten.
Die Kinder verteilen sich im Raum. Ein großer Luftballon wird von der Erzieherin hochgeworfen und die Kinder sollen ihn nun in der Luft halten. Egal, ob sie ihn mit Armen, Beinen oder dem Kopf anstoßen, der Ballon soll nur nicht den Boden berühren. Anfangs werden viele Kinder dem Ballon nachlaufen, doch am besten lässt sich der Ballon unter Kontrolle halten, wenn jedes Kind nur in einem bestimmten Radius agiert und dort dafür sorgt, dass der Luftballon nicht zu Boden geht. Das Spiel kann anspruchsvoller gestaltet werden, indem zum Beispiel der Ballon nur mit den Händen, nur mit der linken (rechten) Hand, nur mit dem Kopf usw. berührt werden darf.

Ball rollen

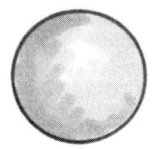

Material: großer, leichter Ball

Alle Kinder sitzen mit gegrätschten Beinen auf dem Boden. Zwischen ihnen ist viel Platz, sodass ein Ball ungehindert rollen kann. Ein Kind beginnt und rollt nun den Ball einem anderen, ihm gegenüber sitzenden Kind zu. Je nach Geschicklichkeit und Anzahl der Mitspieler kann dieses Ballspiel stark variiert werden: Die Beine werden weit gegrätscht oder bilden eine enge Öffnung, in die der Ball rollen muss; der Ball ist groß und langsam oder etwas kleiner und schneller; die Kinder sitzen weit auseinander oder näher beisammen. Bei kleinen Kindern empfiehlt es sich, zunächst einen weichen, großen Ball zu verwenden, der mit wenig Kraft gerollt werden kann.

Torball

Material: Ball

Jeweils zwei Kinder können miteinander Torball spielen. Zwei Stühle markieren das Tor, zwei Tore liegen sich in mehreren Metern Abstand gegenüber. Ein leichter Ball wird in die Mitte zwischen die beiden Tore gelegt und nun beginnt das Spiel. Die beiden Kinder bewegen sich auf allen vieren fort und versuchen, mit dem Kopf den Ball ins gegnerische Tor zu befördern. Den Ball nur mit dem Kopf zu rollen, erfordert Geschick und die Fortbewegung auf allen vieren Kraft und Ausdauer.

Treppenball

Material: verschiedene Bälle

Überall, wo es Treppen gibt, kann Treppenball gespielt werden. Jedes Kind bekommt einen Ball und stellt sich unten an die Treppe. Nun soll es versuchen, den Ball auf die erste Stufe zu werfen. Der Ball rollt zurück, wird wieder aufgenommen und jetzt auf die zweite Treppenstufe geworfen. Je nach Höhe der Treppe und Geschick der Kinder kann dieses Spiel länger dauern. Doch der Reiz, Kraftdosierung, Zielgenauigkeit und Koordination so einzusetzen, dass der Ball die gewünschte Stufe erreicht, lässt die Kinder lang bei diesem Spiel verweilen.

Handball

Material: verschiedene Bälle, Tischtennisball, Gummiball, Tennisball usw.

Alle Kinder stellen sich in einer Reihe nebeneinander auf. Sie strecken die Arme vor und halten die Hände mit den Handflächen nach oben nebeneinander. Am Anfang der Reihe wird ein Tischtennisball auf die erste Hand gelegt. Der Ball soll nun langsam über die Hände bis zum Ende der Handreihe rollen, ohne auf den Boden zu fallen. Das ist gar nicht so schwer. Schwieriger wird es auf dem Rückweg, denn dann sollen die Hände mit den Handflächen nach unten aneinander gehalten werden. Vorsichtig wird jetzt der Ball über alle Hände zurück gerollt. Nun wird das Spiel mit dem Gummiball und schließlich mit dem Tennisball und anderen Bällen wiederholt: Von Handfläche zu Handfläche rollt der Ball hin, über den Handrücken rollt er zurück.

Knetbälle

Material: Knetmasse

Eine Kugel zu einem möglichst runden Ball zu formen ist nicht so einfach. Jedes Kind bekommt genügend Knetmasse, um einen Ball in der gewünschten Größe formen zu können. Zwischendurch wird immer wieder ausprobiert, wie gut der Ball rollt, ob er rund genug ist. Die Knetmasse sollte kräftig durchgearbeitet werden, um gut formbar zu sein. Die Bälle können schließlich noch mit Punkten aus andersfarbiger Knetmasse verziert werden. Zum Schluss rollen alle Kinder ihren Ball durch den Raum.

Bewegungsball

Material: Ball

Die Kinder stellen sich in einem großen Kreis auf. Ein Kind bekommt von der Erzieherin den Ball. Es klatscht in die Hände und rollt den Ball einem anderen Kind zu, das auch in die Hände klatscht. Bevor es nun den Ball zum nächsten Kind rollt, gibt es ebenfalls eine Bewegung vor, etwa mit dem Fuß aufstampfen, auf die Schenkel klopfen, eine Grimasse ziehen usw. Wenn größere Kinder bei dem Spiel mitmachen, müssen diese alle Bewegungen der Kinder, die vor ihnen den Ball gerollt haben, nachmachen.

Schüsselball

Material: große Plastikschüssel, Tischtennisball

In eine große Plastikschüssel wird ein Tischtennisball gelegt. Ein Kind nach dem anderen darf nun den Tischtennisball in der Schüssel kreisen lassen. Vorsichtig wird die Schüssel bewegt, damit der Ball in Fahrt kommt. Je schneller er durch die Schüssel saust, desto höher steigt er am Schüsselrand hoch, bis er schließlich über den Schüsselrand hinausschießt. Vielleicht gelingt es dem einen oder anderen Kind, die Geschwindigkeit des Balls kurz unterhalb des Schüsselrands wieder zu verringern, den Ball wieder ganz langsam werden zu lassen und seine Kreisrichtung zu ändern.

Schwieriger wird das Spiel, wenn etwas Wasser in die Schüssel gefüllt wird. Dann muss die Schüssel sehr vorsichtig bewegt werden, damit sich der Ball in Bewegung setzt, ohne dass Wasser überschwappt.

Beinball

Material: Bälle

Mit geschlossenen und durchgestreckten Beinen liegen die Kinder auf dem Rük-
ken. Jedem Kind legt die Erzieherin einen Ball auf die Füße. Dann heben alle Kinder gemeinsam beide Beine an. Der Ball soll nun die Beine entlang auf den Bauch
der Kinder rollen und gefangen werden. Dann richten sich die Kinder im Sitzen
auf und legen sich den Ball selbst auf ihre Füße, bevor sie ihn erneut über die
Beine rollen lassen.

Ball schießen

Material: großer Ball, Tennisbälle, Gummibälle

Ein großer Ball wird auf den glatten Boden gelegt, die Kinder stellen sich wenige Meter davon auf. Ein Kind nach dem anderen rollt nun seinen Tennis- oder
Gummiball mit Kraft auf den großen Ball zu. Wird der große Ball getroffen und
rollt ein bisschen weg, rufen alle laut „Hurra". Da Spiel dauert so lange, bis der
große Ball gegen ein Hindernis gerollt ist.

Bauchball

Material: Bälle

Die Kinder legen sich auf den Rücken und falten die Hände hinter dem Kopf. Die
Erzieherin legt nun jedem Kind einen Ball auf den Bauch. Vorsichtig atmen die Kinder ein und aus, möglichst ohne dass der Ball vom Bauch rollt. Dann sollen sie
stärker atmen und den Bauch so herausdrücken, dass der Ball auf den Boden fällt.

Brettball

Material: Brett, Gummiball oder Tischtennisball

Jedes Kind bekommt ein Brett (großes Küchenbrett oder ein andere Brett mit glatter Fläche) und einen Gummiball oder einen Tischtennisball. Nun setzen sich alle auf den Boden, legen den Ball in die Mitte des Bretts und versuchen, den Ball vorsichtig auf dem Brett hin- und herrollen zu lassen. Anfangs werden die Bälle munter hinunter purzeln, doch mit der Zeit gelingt es den Kindern immer besser, ihren Ball unter Kontrolle zu halten.

Zielwurf

Material: unterschiedliche Bälle und Gefäße

Hier muss mit verschiedenen Bällen in unterschiedliche Ziele getroffen werden! Als Ziele dienen ein Karton, ein Papierkorb, ein Becher, ein Eimer usw. Als Bälle kommen neben Tischtennisbällen, Tennisbällen und Softbällen unterschiedlich große, jedoch nicht allzu schwere Gummi- und Plastikbälle in Betracht. Die Kinder probieren nun aus, wie gut sie in die verschiedenen Ziele treffen. Jedes Kind wählt selbst die Bälle, Ziele und Abstände für seine Zielwürfe.

Bewegungsspiele für drinnen und draußen

Laufen, fangen, sich nach Herzenslust austoben, aber auch hinhören, sich konzentrieren, sich durch Körperhaltungen und wenige Bewegungen ausdrücken, das alles steht im Mittelpunkt der folgenden Spiele. Bei den großräumigen, bewegungsreichen Aktionen werden vor allem grobmotorische Fähigkeiten, Ausdauer, Bewegungssicherheit, Gleichgewichtsgefühl, Koordination und Ausdauer gefördert. Bei den ruhigeren, „kleinräumigeren" Spielen kommen die feinmotorischen Aspekte und auch Förderung der Konzentrationsfähigkeit dazu. Die Erweiterung der Körpererfahrung und -beherrschung, des sozialen Verhaltens und der Ich-Entwicklung sowie Impulse für die kognitive Entwicklung sind bei der Umsetzung dieser freien, kreativen Spiele ebenfalls immer dabei.

So bewegen sich ...

Als Einstieg zu diesem Bewegungsspiel erzählt die Erzieherin eine Geschichte über ein oder mehrere Tiere oder sie betrachtet gemeinsam mit den Kindern ein Buch, in dem mehrere Tiere abgebildet sind. Dann verteilen sich die Kinder im Raum und ahmen die Bewegungen verschiedener Tiere nach. Wer weiß, wie

* Katzen schleichen,
* Schnecken kriechen,
* Igel sich einrollen,
* Elefanten trotten,
* Häschen hüpfen,
* Schlangen sich schlängeln?

Die Kinder erfinden weitere Bewegungsarten zu anderen Tieren. Zum Schluss des Spiels kann jedes Kind eine Bewegung vormachen und die anderen müssen raten, welches Tier damit gemeint war.

Hindernislauf

Material: Stühle, Körbe, Stöcke und weitere Gegenstände

Wie die Fangspiele ist auch der Hindernislauf ein beliebtes Spiel, das am besten auf einer Wiese stattfinden sollte. Gemeinsam mit den Kindern stellt die Erzieherin einen Parcours mit Hindernissen auf, an denen man sich nicht verletzen kann (z. B. Stühle, Körbe und Kisten). Dann wird festgelegt, wie der Parcours durchquert werden muss: Um den Baum herumlaufen, unter dem Stuhl durch, über die Kiste steigen, in die nächste Kiste hinein- und wieder hinauskrabbeln, den Stab, der auf dem Boden liegt, überspringen usw. In kurzen Abständen durchqueren die Kinder nun den Parcours und können sich dabei austoben und gleichzeitig ihre Ausdauer, Koordination und Raumwahrnehmung verbessern.

Dosenlaufen

Material: leere Blechdosen,
stabile Schnur, Hammer, Nagel

Auch kleinere Kinder beherrschen die Kunst, auf Dosen zu gehen, nach kurzer Probezeit sehr gut. Die Erzieherin bastelt für jedes Kind ein paar Laufdosen. Dazu werden leere Blechdosen knapp unterhalb des Bodens mit zwei sich gegenüber liegenden Löchern versehen, die mit dem Nagel eingeschlagen werden können. Durch diese Löcher wird die Schnur geführt und anschließend zusammengeknotet. Die Länge der Schnur richtet sich nach der Größe des Kindes: Wenn es auf den Dosen steht, muss es die Schnur bequem greifen und straffziehen können, um so die jeweilige Dose beim Anheben des Beins am Fuß zu halten. Wenn jedes Kind seine Laufdosen hat, beginnt das Üben. Gleichzeitig mit dem Anheben eines Beins muss die Dose mit hochgezogen werden. Schon bald gelingen die ersten Schritte und die Kinder staksen umher. Mit etwas Übung können sie kleine Hindernisse umrunden oder überwinden.

Raupenlauf

Schon mit sehr kleinen Kindern lässt sich dieser Koppellauf spielen. Je mehr mitmachen, desto besser. Die Kinder gehen auf alle viere und stehen so auf Händen und Knien abgestützt da. Nun umfasst jedes Kind mit beiden Händen die Fußgelenke des Vorderkindes. Sind alle miteinander verkoppelt, bewegt sich die Raupe auf Kommando der Erzieherin langsam fort. Im Raum stehen Tische, Stühle und ein paar andere Hindernisse, denen die Raupe bei ihrem Lauf ausweichen muss.

Fangen auf der Wiese

Fangen und Verstecken gehören schon bei den kleineren Kindern zu den spannendsten Spielen. Der Reiz bei diesem Spiel liegt darin, dass die Bewegungsaktion so lange wie möglich aufrecht erhalten wird und dabei das Ziel, nämlich fangen oder gefangen zu werden, immer kurz bevorsteht. Fangspiele fördern die körperliche Entwicklung eines Kindes in besonderem Maße. Die Muskeln werden beansprucht, Bewegungsabläufe eingeübt und die Motorik gefördert. Kleinere Kinder können die Kräfte und Geschwindigkeiten, die sich beim Laufen entwickeln, noch nicht richtig einschätzen und lenken. Deshalb sollten Fangspiele am besten auf einer Wiese stattfinden. Es kann los gehen:
Ein Kind wird zum Fänger ernannt, die anderen dürfen sich nicht erwischen lassen. Beim Fangenspiel mit kleineren Kindern ist es wichtig, dass genügend Freimale vorhanden sind. Dort dürfen die Verfolgten nicht abgeschlagen werden. Genauso gut können sie sich auf den Boden kauern, auch dann dürfen sie vom Fänger nicht abgeschlagen werden. Je nach motorischem Geschick und läuferischer Leistungsfähigkeit der Kinder, kann die Anzahl der Freimale variiert werden, um das Spiel spannend zu halten.

Seiltanz

Material: Klebeband, Schnur oder Sand

Ein Stück Klebeband, eine dünne Schnur oder – im Freien – eine Spur aus Sand oder ein Kreidestrich, damit lässt sich auf dem Boden eine Linie ziehen, die ein Seil darstellt, auf dem entlang die Kinder balancieren sollen. Die Linie muss keineswegs gerade sein – im Gegenteil: eine leicht schlangenförmige Linie macht den Seiltanz besonders interessant. Ein Kind nach dem anderen balanciert nun diesen Strich entlang mit weit ausgestreckten Armen, Fuß vor Fuß, ganz vorsichtig. Es kann auch seitwärts oder rückwärts gehen, wenn es sich dieses Kunststück zutraut. Wichtig ist nur, möglichst nicht neben das „Seil" zu treten.

Stierkampf

Material: Tücher

Immer zwei Kinder finden sich zum Stierkampf zusammen. Ein Kind ist der Stier, das andere der Stierkämpfer. Der Stierkämpfer hält ein Tuch in den Händen, spannt es auf und lockt damit den Stier an. Der Stier senkt den Kopf, hält die Hände mit abgespreizten Zeigefingern wie Hörner an den Kopf und läuft auf das Tuch zu. Kurz bevor der Stier das Tuch auf die Hörner nimmt, wird es vom Stierkämpfer elegant weggezogen – aber wirklich erst möglichst kurz davor. Nach einer Weile, spätestens aber, wenn der Stier außer Atem ist, werden die Rollen getauscht.

Deckel drauf

Material: Bierdeckel

Die Kinder finden sich in Zweiergruppen zusammen. Jede Gruppe hat einen Stapel Bierdeckel. Ein Kind liegt auf dem Rücken, schließt die Augen und atmet ruhig und entspannt. Das andere legt einen Bierdeckel so vorsichtig wie möglich auf einen Arm, ein Knie, den Bauch, die Stirn usw. Spürt das liegende Kind, wo ein Bierdeckel aufgelegt wurde? Dann kann es die Stelle nennen. Nach einer Weile werden die Rollen getauscht.

Anschließend wird das am Boden liegende Kind über und über mit Bierdeckeln bedeckt. Nacheinander werden sie aufgelegt und sollen möglichst nicht herunterfallen. Sind alle Bierdeckel verteilt, werden sie einer nach dem anderen wieder weggenommen oder das liegende Kind schüttelt sie alle auf einmal ab.

Baum

Alle Kinder versammeln sich um die Erzieherin, die eine Geschichte von einem Baum erzählt. Dabei stellt sie verschiedene Bäume dar und die Kinder machen ihre Bewegungen nach. So gibt es beispielsweise einen dicken Baum, der fest auf der Erde steht. Die Erzieherin stellt sich breitbeinig auf und streckt die Arme wie Äste von sich weg. Oder es gibt einen schlanken, hohen Baum. Dann stellt sie sich mit geschlossenen Beinen hin und streckt die Arme senkrecht über den Kopf. Bei Wind bewegen sich die Bäume hin und her. Sie werden gerüttelt und geschüttelt. Ein junger Baum steht noch ganz unsicher – die Erzieherin zieht ein Bein an, mit ausgebreiteten Armen wird die Balance gehalten. In interessante Geschichten verpackt, meistern die Kinder diese Herausforderung für Gleichgewichtssinn, Körperbeherrschung und Konzentrationsfähigkeit ohne Probleme.

Kästchenhüpfen

Material: Kreide

Ein altbekanntes und durch die Jahrhunderte tradiertes Spiel ist das Kästchenhüpfen, Himmel und Hölle oder wie auch immer es genannt wird. Hierfür werden mit Kreide Felder auf den Boden im Hof gezeichnet, die nun nach bestimmten Regeln durchhüpft werden müssen. Für kleinere Kinder ist es schon eine spannende Aufgabe, die Kästchen mit beiden Beinen in der richtigen Reihenfolge zu durchhüpfen, ohne die Begrenzungslinien zu berühren. Schwieriger ist es, sich im obersten Kästchen mit einem Hüpfer oder mehreren Hüpfern um sich selbst zu drehen. Das Kästchenhüpfen ist ein einfaches, aber dennoch anspruchsvolles Spiel, das Kindern viel Spaß macht und das sie oft stundenlang spielen können. Mit etwas Übung gelingen der gezielte Sprung mit dosiertem Krafteinsatz und die Landung recht gut, dann kann das Spiel mit einfachen Mitteln stufenweise anspruchsvoller gestaltet werden. Das Hüpfen im Rhythmus von gemeinsam aufgesagten Versen macht den Kindern am meisten Spaß.

Überkreuz-Bewegungen

Material: Kassettenrekorder

Bewegungen, die „über Kreuz" verlaufen, also beispielsweise das gleichzeitige Anheben von linkem Bein und rechtem Arm, aktivieren beide Gehirnhälften und verbessern die Koordinationsfähigkeit deutlich. Die Erzieherin macht die folgenden Übungen vor, die mit Begleitmusik vom Kassettenrekorder noch mehr Spaß machen und besser gelingen.

• Den linken Arm in die Höhe strecken und das rechte Bein anziehen. Danach den rechten Arm in die Höhe strecken und das linke Bein anziehen.

• Das linke Knie anheben, mit dem rechten Ellbogen das Knie berühren und umgekehrt.

• Mit der linken Hand über dem Kopf und mit der rechten Hand vor dem Bauch kreisende Bewegungen machen, erst in die eine, dann in die andere Richtung. Nach einer Weile die Hände wechseln: Die rechte Hand kreist über dem Kopf, die linke vor dem Bauch.

• Mit der linken Hand einen großen Kreis und eine große Schleife in die Luft malen, erst links herum, dann rechts herum. Dann die Hand wechseln und mit der rechten Hand malen.

Tunnelkrabbeln

Material: Tisch, Stühle, Leintücher und Decken

Ein Tunnel aus Tischen und Stühlen, die mit Decken und Leintüchern überworfen wurden, wird gemeinsam gebaut. Der Tunnel sollte möglichst lang sein und so groß, dass die Kinder bequem hindurch passen. Ein Kind nach dem anderen krabbelt nun durch den Tunnel und nimmt ein Spielzeug, ein Klötzchen oder einen anderen kleinen Gegenstand mit, den es am Ende des Tunnels wieder abgibt.

Ketten fädeln

Material: Stopfnadeln und
Faden, Knöpfe und Perlen

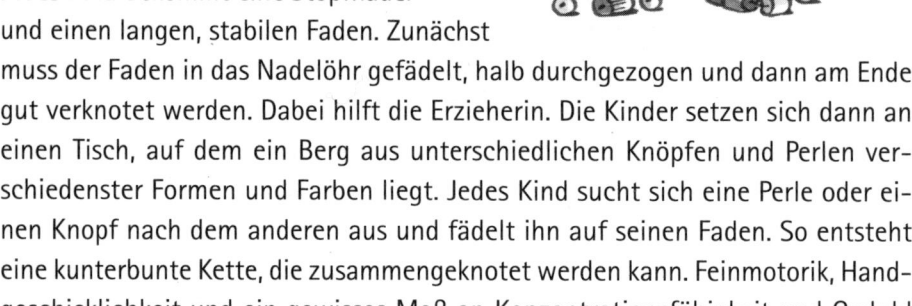

Jedes Kind bekommt eine Stopfnadel
und einen langen, stabilen Faden. Zunächst
muss der Faden in das Nadelöhr gefädelt, halb durchgezogen und dann am Ende
gut verknotet werden. Dabei hilft die Erzieherin. Die Kinder setzen sich dann an
einen Tisch, auf dem ein Berg aus unterschiedlichen Knöpfen und Perlen ver-
schiedenster Formen und Farben liegt. Jedes Kind sucht sich eine Perle oder einen Knopf nach dem anderen aus und fädelt ihn auf seinen Faden. So entsteht
eine kunterbunte Kette, die zusammengeknotet werden kann. Feinmotorik, Hand-
geschicklichkeit und ein gewisses Maß an Konzentrationsfähigkeit und Geduld
spielen hier eine bedeutende Rolle.

Variante: Ein Kind wird durch Auszählen bestimmt und darf vorgeben, was alle auf-
fädeln müssen, zum Beispiel eine blaue Perle, einen schwarz-silbernen Knopf oder
Ähnliches. Wer den geforderten Gegenstand als Erster aufgefädelt hat, darf den
nächsten bestimmen.

Blindenführer

Die Kinder finden sich zu zweit zusammen. Ein Kind ist der Blindenführer und
das andere Kind schließt die Augen oder bekommt die Augen mit einem Tuch ver-
bunden. Es legt seine Hand auf die Hand des Blindenführers oder hakt sich bei
ihm unter. Dann wird „der Blinde" langsam durch den Raum geführt. Hindernissen muss nun großräumig ausgewichen werden und es gilt, die Gehgeschwin-
digkeit aufeinander abzustimmen. Schnell wird dieses Spiel eine Atmosphäre von
Konzentriertheit und Ruhe verbreiten.

Schnellpost

Material: verschiedene handliche Gegenstände

Bei der Schnellpost stellen sich alle Kinder in einer Reihe oder im Kreis auf. Die Erzieherin gibt nun einem Kind einen Gegenstand in die Hand. Das Kind nimmt den Gegenstand mit einer Hand, gibt ihn an die andere Hand weiter und reicht ihn dann seinem Nachbarn. Das muss möglichst schnell gehen. Immer wieder müssen sich die Kinder bei diesem Spiel auf unterschiedliche Formen, Gewichte und Beschaffenheiten der Gegenstände einstellen, sie sicher ergreifen und schnell reagieren. Selbstverständlich kommen bei diesem Spiel keine spitzen oder scharfen Gegenstände zum Einsatz. Gut geeignet sind beispielsweise Pinsel, Plastiktassen, Radiergummi, Kugelschreiber, kleine Kissen, Bälle usw. Werden die Gegenstände im Kreis weitergegeben, sollten nicht mehr als drei oder vier Gegenstände (je nach Größe des Kreises) gleichzeitig kursieren. Interessant dabei ist aber, dass sie im Kreis in verschiedene Richtungen weitergereicht werden können.

Über den Bach

Material: Bierdeckel

Auf dem Boden werden in unregelmäßigen Abständen Bierdeckel verteilt. Dann erklärt die Erzieherin, dass diese Bierdeckel flache Steine sind, die in einem Bach liegen und aus dem Wasser herausschauen. Will man den Bach überqueren, muss man von einem Stein zum anderen gehen und darf nicht daneben treten. Die Kinder versuchen nun, auf die andere Seite des Zimmers zu gelangen und dabei nur auf die Bierdeckel und nicht auf den Boden zu treten.

Hochwasser

Material: Zeitungspapier, Kassettenrekorder

Mitten in einem großen Raum oder auf einem Platz werden ein paar Doppelseiten einer Zeitung ausgelegt. Das ist die Insel. Um diese Insel hüpfen und tanzen nun alle Kinder zur Musik vom Kassettenrekorder. Bricht die Musik ab, flüchten sich alle Kinder schnell auf Insel, denn nun kommt das Hochwasser. Wer auf dem Zeitungspapier Platz findet, bekommt keine nassen Füße. Dann spielt die Musik wieder, das Hochwasser geht zurück und die Kinder hüpfen wieder um die Insel herum. Die Erzieherin nimmt nun etwas Zeitungspapier weg. So wird die Insel immer kleiner und beim nächsten Hochwasser müssen sich die Kinder enger auf der Insel zusammendrängen. Mit der Zeit wird es immer schwieriger, einen Platz auf der Insel zu finden. Die Kinder helfen sich gegenseitig und halten einander fest, um vor dem Hochwasser Platz auf der Insel zu finden. Diese wird so lange kleiner, bis die Kinder nicht mehr enger stehen können.

Wattelauf

Material: Wattebäuschen oder Daunenfedern

Bei Windstille kann dieser besondere Wettlauf im Freien stattfinden, sonst besser in einem großen geschlossenen Raum. Die Kinder stellen sich nebeneinander auf. Jedes hat eine kleine Feder oder ein kleines Stück Watte auf der flachen Hand liegen und hält den Arm ausgestreckt vor sich. Nach dem Startsignal gehen nun alle so schnell wie möglich auf das Ziel zu, doch das Wattebäuschen darf dabei nicht von der Hand fallen. Wessen Wattebäuschen von der Hand fällt, der muss einen Schritte zurückgehen. Das Spiel ist zu Ende, wenn alle Kinder am Ziel angekommen sind.

Tücherlauf

Material: Tücher, Tamburin

Die Kinder verteilen sich in einem großen Raum oder draußen auf einer freien Fläche. Jedes Kind hat ein Tuch, das es an zwei Ecken hält. Zum Takt des Tamburins, das die Erzieherin schlägt, bewegen sich die Kinder durch den Raum. Dabei halten sie das Tuch hoch über dem Kopf, sodass es beim schnelleren Gehen lustig flattert. Die Erzieherin schlägt das Tamburin abwechselnd langsamer und schneller. Wenn sie es ganz schnell schlägt, halten die Kinder das Tuch vor die Brust und lassen es los. Durch den Luftwiderstand wird es an den Körper gepresst und fällt nicht zu Boden. Werden die Kinder langsamer, müssen sie ihr Tuch wieder festhalten. Zum Schluss hüpfen die Kinder langsam durch den Raum und schwenken ihr Tuch abwechselnd mit der linken und rechten Hand in großen Kreisen neben und über sich.

Tausendfüßler

Material: Ball

Alle Kinder stellen sich hintereinander mit gegrätschten Beinen auf. Das vorderste Kind beugt sich nach vorn und rollt einen Ball durch die Beine aller anderen Kinder. Das letzte Kind aus der Tausendfüßlerreihe nimmt den Ball, läuft nach vorn, stellt sich an den Kopf der Reihe und schickt den Ball wieder auf die Reise durch den ganzen Tausendfüßler. So bewegt sich der Tausendfüßler langsam, aber stetig vorwärts. Auf seinem Weg durch den Raum oder durch das Freigelände muss er manchmal auch Hindernisse umgehen, und dabei gilt es, frühzeitig auszuweichen.

Rollmops

In einem großen Raum werden die Möbel zur Seite gestellt, denn für das Roll-
mopsspiel braucht man viel freie Fläche. Ideal ist es, wenn im Raum ein Teppich
oder Teppichboden liegt. Die Kinder finden sich in Dreiergruppen zusammen. Ein
Kind legt sich auf den Boden, macht sich stocksteif und die beiden anderen rollen es langsam und vorsichtig durch den Raum. Sobald der Rollmops an der anderen Raumseite oder an einem Hindernis angelangt ist, erwacht er zum Leben
und ein anderes Kind wird zurückgerollt.

Fliegen wie die Flugzeuge

Bei diesem Aktionsspiel verteilen sich die Kinder in einem großen Raum oder, noch
besser, auf einer Freifläche. Sie bewegen sich gemäß den Anweisungen der Erzieherin mal schneller und mal langsamer im Kreis in einer Richtung. (An dieses
aktionsreiche Bewegungsspiel sollte sich ein ruhigeres Spiel zur Entspannung anschließen, etwas das Spiel „Waschtag im Zirkus".)
„Stellt euch vor, ihr seid Motorflugzeuge. Lange habt ihr nur herumgestanden und
durftet nicht fliegen, aber endlich ist es wieder soweit, und ihr dürft abheben.
Streckt langsam eure Arme hoch, bis sie waagrecht stehen. Das sind die Flügel.
Ohne Flügel kann ein Flugzeug nicht fliegen. Das Flugzeug startet, ihr geht also
langsam los. In kleinen Schritten geht's vorwärts, ihr werdet immer schneller und
plötzlich hebt ihr ab. Sanft gleitet ihr durch die Luft. Ihr fliegt ein Stück gerade-
aus, und dann dreht ihr ab. Jetzt fliegt ihr in die entgegengesetzte Richtung, bevor ihr wieder eine Kurve fliegt. In den Kurven liegen die Flügel schräg in der Luft,
und das Flugzeug wird in den Kurven langsamer. Passt auf, dass ihr nicht anein-
anderstoßt. Jedes Flugzeug muss genug Platz haben. Jetzt fliegt ihr einen großen Kreis. Der Kreis wird enger, dann wieder weiter, und jetzt fliegt jedes Flug-

zeug für sich allein, und jedes passt auf, dass es nicht mit einem anderen zusammenstößt. Langsam landen die Flugzeuge wieder, eines nach dem anderen. Wenn sie stehen, klappen die Flugzeuge ihre Flügel wieder herunter."

Die Kinder „landen" nacheinander, breiten eventuell Matten oder Liegedecken aus legen sich auf den Rücken.

„Das war ein anstrengender Flug. Schließt eure Augen und atmet tief ein und aus. Überlegt, was ihr als Flugzeug in der Luft alles erlebt habt. Wie sahen die Häuser und die Leute von oben aus? Atmet ruhig und gleichmäßig."

Fußkünstler

Material: Abdeckfolie, Zeitungen, Tapetenrollen, Wasserfarben oder Fingerfarben, Pinsel

Zur Vorbereitung dieses Spiels wird der Fußboden gut mit einer Plastikfolie und Zeitungspapier ausgelegt, damit keine Farbe durchdringen kann. Alle Kinder haben Kleider an, bei denen Farbkleckse nicht tragisch sind. Dann ziehen alle ihre Schuhe und Strümpfe aus, denn bei diesem Spiel wird mit den Füßen ein Bild gemalt. Zum Anrühren der Farben dürfen die Hände zu Hilfe genommen werden, doch dann gilt es, ein selbst erfundenes Motiv „frei Fuß" auf ein Stück Tapetenbahn zu bringen. Wenn die Kinder ihre Bilder fertig haben, darf jedes den anderen erklären, was es gemalt hat. Zum Schluss malen alle Kinder gemeinsam ein großes Bild.

Dreibeinlauf

Bei dieser interessanten Fortbewegungsart stellen sich zwei Kinder nebeneinander. Das linke Bein des rechten Kindes wird mit dem rechten Bein des linken Kindes zusammengebunden, und zwar ein Stückchen unterhalb des Knies mit einem weichen Tuch. So können die beiden mit je einem Fuß nur gemeinsam gehen. Nun begeben sie sich auf einen Dreibeinlauf, der durch den gesamten Raum und hinaus ins Freigelände führen kann. Bewegungskoordination und Rücksicht auf den anderen sind hier gefragt. Und natürlich ist Vorsicht geboten, denn enge Stellen müssen die beiden vielleicht seitlich statt vorwärts passieren. Wenn der Dreibeinlauf Spaß gemacht hat wird die Seite gewechselt und die beiden anderen Beine werden aneinander gebunden.

Im Rückwärtsgang

Ein Stück Waldweg mit mehreren kleinen Hindernissen und Kurven oder das Freigelände mit Spielgeräten und Büschen ist die ideale Strecke für dieses Spiel. Die Kinder gehen einen Weg ab und legen dabei den Start- und Zielpunkt fest. Ein Kind nach dem anderen geht dann los und versucht, den eben festgelegten Weg rückwärts zurückzulegen. Vorsichtig und ohne Hast setzt es einen Fuß hinter den anderen. Es kommt nicht darauf an, das Ziel schnell zu erreichen, sondern möglichst den Weg nicht zu verlassen, Hindernisse rechtzeitig zu erkennen und ihnen auszuweichen. Eventuell kann der Weg zu zweit gegangen werden: ein Kind geht vorwärts und unterstützt das andere, das rückwärts geht.

Spinnennetz

Ein langer Wollfaden wird von der Erzieherin in etwa 50 cm Höhe an einem Tischbein festgeknotet und von dort aus weitergespannt an Stühle, den Heizkörper, den Schrank usw. So entsteht ein regelrechtes Spinnennetz, das sich durch den ganzen Raum spannt. Der Faden ist mal höher, mal niedriger gespannt aber immer so hoch, dass die Kinder noch gut darunter hindurchkriechen können. Nun werden an verschiedenen Stellen im Raum Bauklötzchen oder Bälle verteilt und drei oder vier Kinder haben die Aufgabe, zu diesen Gegenständen zu gelangen – ohne das Netz zu berühren. Wenn die Gegenstände eingesammelt sind, ist die nächste Gruppe an der Reihe.

Klammern stibitzen

Material: Wäscheklammern

Ein Fangspiel der besonderen Art. Jedes Kind trägt am Ärmel oder an einer anderen, gut erreichbaren Stelle ein paar Wäscheklammern. Alle laufen auf dem Wiesen-Spielfeld kreuz und quer durcheinander und versuchen, sich gegenseitig die Klammern zu stibitzen. Dabei gilt: Festhalten oder schubsen ist nicht erlaubt, nur die Wäscheklammern dürfen berührt werden!

Variation: Jedes Kind hat mehrere verschiedenfarbige Klammern und darf aber nur eine bestimmte Farbe stibitzen. Oder die Klammern müssen stibitzt und an einer anderen Stelle wieder festgemacht werden.

Balancieren

Material: Bücher, Plastikbecher, Münzen und andere Gegenstände

Ein sehr kurzweiliges Spiel ist das Balancieren. Die Erzieherin hat mehrere Gegenstände gesammelt, die die Kinder nun balancieren sollen. Ein kleines Buch etwa kann ohne Probleme auf der Hand balanciert werden, aber es auf dem Kopf oder auf dem Ellbogen zu balancieren ist sehr viel schwieriger. Die Erzieherin macht vor, wo und wie man Münzen, Becher, Holzklötzchen usw. balancieren kann. Vielleicht schaffen es die Kinder, mit einem kleinen Buch auf dem Kopf oder mit einer Münze auf dem Ellbogen ein paar Schritte zu gehen.

Zimmerbob

Material: kleine Läufer

Jeweils drei Kinder bilden zusammen eine Zimmerbob-Mannschaft. Ein Kind setzt sich ans Ende eines Läufers, die beiden anderen heben das andere Ende an und ziehen das Kind über den glatten Boden durch den Raum. Hindernisse wie Tische und Stühle müssen dabei umrundet werden. Oder zwei Zimmerbobmannschaften treten zu einem Rennen gegeneinander an.

Einmauern

Material: viele Bauklötzchen aus Holz

Die Kinder finden sich in Fünfergruppen zusammen. Jede Kindergruppe bekommt eine Menge an Bauklötzchen. Dann gehen alle daran, ein Kind einzumauern. Das Kind legt sich auf den Rücken und bewegt sich möglichst wenig, die anderen setzen Stein auf Stein und mauern gemeinsam seinen ausgestreckten Arm oder ein Bein ein, vielleicht sogar beide Arme oder Beine. Ist die Mauer fertig, steht das Kind wieder auf und bringt die Mauer zum Einsturz. Nun wird das nächste Kind eingemauert. Schwieriger wird es ein stehendes Kind einzumauern, denn dazu muss die Mauer gut gebaut sein und das Kind sehr ruhig stehen können. Welche Gruppe schafft das?

Verrückte Roboter

Ein Kind ist der Robotertechniker, die anderen stellen verrückt gewordene Roboter dar: Sie bewegen sich komisch und unberechenbar, laufen immer im Kreis, zucken mit den Schultern, wackeln mit dem Kopf, stampfen mit den Füßen, winken mit den Armen usw. Der Robotertechniker geht von einem Roboter zum anderen und versucht, bei jedem den Ausschaltknopf zu finden. Der Ausschaltknopf ist irgendwo am Rücken, an den Beinen oder Armen, aber bei jedem Roboter sitzt er woanders. Die Roboterkinder entscheiden also selbst, wann sie ausgeschaltet werden und stillstehen wollen. Nach einer Weile ist ein anderes Kind der Robotertechniker.

Konfetti sammeln

Material: Konfettischnipsel

Die Kinder sitzen rund um den Tisch, in der Tischmitte liegen viele Konfetti-schnipsel. Auf ein Startzeichen beginnen die Kinder damit, die Konfettischnipsel einen nach dem anderen zu sich zu ziehen. Der Finger wird auf einen Schnipsel gelegt und der Schnipsel dann hergezogen. Bald liegt der ganze Konfettiberg verteilt an den Plätzen der Kinder. In der nächsten Spielrunde kann es darum gehen, dass jedes Kind eine andere Farbe von Schnipseln sammelt. Und schließ-lich versuchen die Kinder, die Konfettischnipsel mit Daumen und Zeigefinger ein-zeln aufzusammeln.

Schleichen

Im Freien stellen sich die Kinder in einem großen Kreis auf, mit dem Gesicht nach außen. Dann machen alle ihre Augen zu und horchen auf die Geräusche, die sie hören. Ein Kind, das von der Erzieherin ausgewählt wurde, schleicht nun leise wie in Indianer in etwa drei Meter Entfernung um den Kreis herum. Es versucht, sich möglichst geräuschlos zu bewegen. Wenn ein Kind im Kreis glaubt, den schlei-chenden Indianer gehört zu haben, hebt es wortlos den Arm. Hat es den India-ner gehört, darf es mit ihm den Platz tauschen. Oder die Erzieherin legt in der nächsten Spielrunde fest, wer wie ein Indianer schleichen darf.

Waschtag im Zirkus

Für dieses ruhige Körpererfahrungsspiel finden sich die Kinder in Zweiergruppen zusammen. Jeweils ein Kind ist der Wärter, das andere stellt das Nilpferd dar. Das Nilpferd legt sich bäuchlings auf den Boden bzw. auf eine Matte, der Wärter kniet daneben. Beim „Abspülen" fährt er dem Nilpferd mit beiden Händen den Rücken hinunter, seift ihn mit kreisförmigen Bewegungen der flachen Hand ein und massiert mit den Fingerspitzen ausgiebig den Rücken des Nilpferdes, bevor er ihn nach erneutem Abspülen mit sanften Streichbewegungen „abtrocknet". Anschließend werden die Rollen getauscht:

Die Erzieherin erzählt diese oder eine ähnliche Geschichte, zu der die Kinder agieren.

„Heute ist Waschtag im Zirkus. Am Waschtag müssen nicht nur alle Kleider und alle Zirkuswagen sauber gemacht werden, sondern auch die Zirkustiere werden gewaschen. Das macht allen Tieren Spaß, aber am meisten gefällt der Waschtag den Nilpferden. Sie freuen sich ganz besonders darauf, dass ihr Wärter sie abschrubbt.

Als erstes spült der Wärter das Nilpferd ausgiebig mit Wasser ab.

So ein Nilpferdrücken ist groß, und der Wärter braucht viel Wasser.

Danach wird der Nilpferdrücken eingeseift.

Jetzt kommt ein Teil, der dem Nilpferd besonders viel Spaß macht: Sein Rücken wird abgebürstet. Aber Nilpferde sind am Rücken manchmal empfindlich, und der Wärter darf nicht allzu wild schrubben.

Nun ist das Nilpferd schön sauber gebürstet und der ganze Seifenschaum muss wieder mit viel Wasser abgespült werden.

Jetzt ist die Nilpferdwäsche beinahe fertig. Der Wärter muss nur noch den Rücken des Nilpferdes abtrocknen."